MW00879219

DE LA IMPORTANCIA DE LA ORACIÓN

PARA ALCANZAR DE DIOS
TODAS LAS GRACIAS Y LA SALUD ETERNA

POR S. ALFONSO LIGUORI

TRADUCCIÓN LIBRE POR D. JOAQUÍN ROCA Y CORNET

LETRA GRANDE

LA ATENAS
DE AMÉRICA

[Título original: *De la importancia de la oración, para alcanzar de Dios todas las gracias y la salud eterna por S. Alfonso Liguori*. Traducción libre por D. Joaquín Roca y Cornet, redactor del periódico *La Religión*. Barcelona, tercera edición con licencia, Imprenta de los SS. A. Pons. y Ca. 1844]

De la importancia de la oración, para alcanzar de Dios todas las gracias y la salud eterna por S. Alfonso Liguori. Letra grande
Traducción: Joaquín Roca y Cornet
Digitalización: Google books
ISBN: 9798810070610
Sello: Independently published
Abril de 2022
Edición para AMAZON: Jesús Arroyo Cruz
publicahoy05@gmail.com

Índice

Al verbo encarnado

Amado de su Eterno Padre,

Bendito del Señor,

Autor de la vida y de la gloria, Salvador del mundo,

Deseado de las naciones,

Deseo de las colinas eternas,

Pan del cielo,

Juez universal,

Mediador entre Dios y los hombres,

Cordero sin mancha,

Hombre de dolores,

Sacerdote eterno y víctima de amor,

esperanza de los pecadores,

Fuente de gracias,

Buen pastor que da su vida por sus ovejas.

Verbo encarnado, divino Jesús, vos disteis vuestra sangre y vuestra vida para que nuestras oraciones obtuviesen, según vuestra promesa, la virtud de ser atendidas; más nosotros somos tan descuidados en el negocio de nuestra salud, que ni aun queremos pedir las gracias indispensables para salvarnos!

Por el medio de la oración vos habéis dado la llave de todos vuestros divinos tesoros; y nosotros, dejando de rogar, queremos permanecer en nuestro miserable estado de pobreza.

¡Ah! iluminadnos, Señor, y dadnos a conocer cuanta es para con vuestro Eterno Padre la fuerza y eficacia de nuestras súplicas, dirigidas en nombre vuestro y por vuestros méritos. os consagro este libro; bendecidle, y haced que todos cuantos lo lean conciban un grande amor a la oración y le inspiren a los demás; a fin de que todos se aprovechen de este poderoso medio de salud.

María, Madre de mi Dios, os presento también esta pequeña obra; recibidla bajo vuestra protección, y alcanzad a sus lectores el espíritu de oración, a fin de que en todas sus necesidades recorran siempre a vuestro Hijo y a vos, ¡oh Dispensadora de las gracias y madre de misericordia! que nada sabéis negar a cualquiera que a vos se encomiende y que podéis conseguir de Dios todo cuanto le pedís para vuestros servidores.

Introducción

De cuantas obras espirituales he publicado, este *Tratado de la Oración* es ciertamente uno de los más útiles a los fieles, pues la oración es un medio indispensable y seguro para obtener la salud y todas las gracias que a ella conducen.

Mis deseos serían hacer imprimir tantos ejemplares de este libro como cristianos hay sobre la Tierra, y distribuir a todos, a fin de que ni uno solo dejase de comprender cuan necesario nos es el orar para salvarnos.

Si hablo así, es porque veo esta necesidad absoluta de la oración, enseñada en todos los libros santos y por todos los santos Padres, y porque sé al mismo tiempo que los cristianos descuidan este gran medio de salud.

Contrístame sobre todo el que los predicadores y confesores no hablen casi nunca sobre esta materia, y que tampoco insisten bastante en ella los libros espirituales más generalizados, cuando nada hay que con más ardor deba inculcarse.

Verdad es que sugieren excelentes medios y utilísimos para conservarse en la gracia de Dios; el huir las ocasiones, el frecuentar los sacramentos, el resistir a las tentaciones, el asistir con asiduidad a escuchar la palabra de Dios, la meditación de las máximas eternas: más ¿de qué sirven las pláticas, las meditaciones y todos los demás medios sin la oración, habiendo declarado el Señor que no quiere dispensar sus gracias sino al que ruega?

Sin la oración (según la ordinaria providencia) nuestras meditaciones, nuestros buenos propósitos, nuestras promesas serán siempre inútiles, seremos siempre infieles a las luces celestiales; pues para obrar actualmente el bien, para vencer las tentaciones, para practicar las virtudes, en una palabra, para observar los divinos preceptos, no bastan las luces del cielo, las consideraciones, los buenos propósitos; es menester además el socorro actual de Dios, y este socorro actual, como veremos, no lo concede Dios sino a aquellos que ruegan con perseverancia.

Las celestes luces, las consideraciones y los buenos propósitos hacen que en las tentaciones recurramos actualmente a la oración, que nos alcanza el socorro de Dios y nos preserva del pecado; más sin la oración, sucumbiríamos, y nos perdiéramos sin remedio.

Penetrémonos, pues, bien de la importancia del grande medio de la oración, pues que, generalmente hablando, todos los adultos que se salvan no consiguen la salud sino por este medio.

Dad gracias a Dios de que os conceda todavía el tiempo y la voluntad de orar; y cuando os veáis tentados de pecar, recorred desde luego a la oración. Si en lo pasado habéis cometido graves faltas, persuadíos que esto era efecto de vuestra negligencia en orar y en pedir a Dios que os socorriese en vuestras tentaciones.

Leed, pues, y volved a leer este libro muchas veces con toda la atención posible, no porque sea obra mía, sino porque *es un poderoso medio de salud que el Señor os proporciona,* y una nueva prueba de que quiere salvaros. No os contentéis en leerlo vosotros, invitad cuanto podáis a los demás a que de él se sirvan. Para aficionarnos a la oración, toda vez que es un medio tan eficaz de salud, consideremos cuan necesaria se nos hace, cuanto poder tiene para obtener de Dios todas las gracias que deseamos, si sabemos pedirlas como se debe, y que condiciones ha de tener la oración para ser eficaz.

De la importancia de la oración

PARA ALCANZAR DE DIOS

TODAS LAS GRACIAS Y LA SALUD ETERNA

POR S. ALFONSO LIGUORI

TRADUCCIÓN LIBRE POR D. JOAQUÍN ROCA Y CORNET

LETRA GRANDE

CAPÍTULO I
DE LA NECESIDAD DE LA ORACIÓN

Pretendían los pelagianos que la oración no era necesaria para la salud. El impío Pelagio decía que el hombre no se pierde sino cuando descuida instruirse en las verdades que debe saber necesariamente. Más, ¡ay! contesta S. Agustín (*De Nat. et Grat. c. 17*) Pelagio quería tratar de todo menos de la oración, la cual es, sin embargo, el único medio para adquirir la ciencia de los santos, según el apóstol S. Jaime.

La necesidad de la oración se nos enseña en términos claros y formales en las santas Escrituras: *Preciso es orar siempre y no cesar jamás. (Luc. 18.1. Marc. 14.58. Matth. 7.7.).* Estas palabras, *es preciso,* encierran, según dicen los teólogos, el precepto, y de consiguiente la necesidad de la oración.

Pretendía Viclef que tales textos se entendían no de la oración, sino tan solo de la necesidad de las buenas obras, por manera que orar, en su sentido, no era otra cosa que hacer bien: más este error fue expresamente condenado por la Iglesia. Y por esto asegura el sabio Leonardo Lessius (*De Just. I. 2. c. 37. dub. 3. n.° 6.*) que es predicar contra la fe el negar que la oración sea necesaria a los adultos para salvarse, pues que la Escritura Santa evidentemente declara, que la oración es el único medio para alcanzar los socorros necesarios para la salud.

En efecto, sin el socorro de la gracia, no podemos obrar bien alguno. *(Joan. 15. 5.)* Observa san Agustín, que Jesucristo no dijo *nada podéis acabar,* sino *nada podéis hacer,* queriéndonos con esto inculcar el Señor que, sin la gracia, ni aun podemos empezar a hacer el bien.

El Apóstol se adelanta a decirnos, que por nosotros mismos no podemos ni aun pensar en el bien (*2 Cor. 3. 5*) si pues no podemos ni aun pensar en el bien, mucho menos podemos desearle. Esta verdad se halla probada con muchos otros pasajes de la Escritura. (*1 Cor. 12. 6. Euch. 36. 27*). No hacemos otro bien, dice S. León I, que el que Dios nos hace obrar por su gracia. (*In Conc. Aur. can. 29*). Tal es la definición del santo concilio de Trento. (*Sen. 6. can. 3*).

El Señor proveyó a los animales de ligereza, de garras y de alas, cada uno según su especie, para la conservación de su ser, más formó al hombre de modo que solo Dios fuese toda su fuerza. (*Auct. Of. imp. Hom. 18*). Así que, el hombre es absolutamente incapaz de operar su salud por sí mismo, pues quiso Dios que todo lo que tiene y puede tener, lo recibiese del socorro de su gracia.

Más este socorro, Dios no lo concede según la ordinaria providencia, sino a aquel que ruega. (*Gennad. lib. de Eccl. dogm. ínter Op. August.*) Ya pues que por una parte, nada podemos sin el socorro de la gracia, y por otra, Dios no concede ordinariamente este socorro sino al que ruega, se sigue, que la oración nos es absolutamente necesaria para la salud.

Verdad es que las primeras gracias que recibimos sin nuestra cooperación, como la vocación a la fe o a la penitencia, Dios, dice. S. Agustín, las concede aun a aquellos que no ruegan; pero el mismo santo da por cosa indudable que las otras gracias, y especialmente el don de la perseverancia, no se dispensan sino al que ruega. (*Lib. de Persev. cap. 5*).

Enseñan los teólogos, de acuerdo con los santos Padres, que la oración es necesaria a los adultos, no solo de necesidad de precepto, sino también de necesidad de medio; es decir, que ordinariamente hablando, un fiel que no pide a Dios por medio de la oración las gracias necesarias para su salud, no puede salvarse. *(S. Tom. 3. p. q. 39 a 5)*. Santo Tomás prueba la necesidad de la oración del modo que sigue: para salvarse se ha de combatir y vencer *(Tim. 2. 3)*; sin el socorro de Dios no se puede resistir a las tentaciones; y como este socorro no se concede sino a la oración, se sigue, que sin la oración no hay salud.

Dice en otra parte (2.2. *q.* 83 *a.* 2) que todas las gracias que Dios ha determinado de toda la eternidad concedernos, no nos las quiere dar sino por medio de la oración.

Del mismo sentir es S. Gregorio. *(L. 1 Dial. c. 8)*. No porque sea necesario el rogar, dice Sto. Tomás, *(Loc. cit. ad. 1.)* para que conozca Dios nuestras necesidades, sino que debemos rogar para que comprendamos nosotros mismos la necesidad de recurrir a Dios para recibir los socorros necesarios a la salud, y para que reconozcamos que Dios es el único autor de todos los bienes que tenemos.

Así pues, como el Señor dispuso que, para proveernos de pan y de vino, echásemos la semilla del grano, y cultivásemos la viña, quiso también que alcanzásemos las gracias necesarias a nuestra salud por el medio de la oración *(Math. 7.7)*.

En una palabra, nosotros no somos más que unos pobres mendicantes, y no poseemos sino lo que Dios nos da como limosna. *(Ps. 39. 18)*. El Señor, dice S. Agustín *(In Ps.* 100), desea y quiere dispensarnos gracias; mas no las concede sino a aquel que las pide.

Él nos dice: Pedid y se os dará; así pues, añade Sta. Teresa, el que no pide no recibe. Al modo que la humedad es necesaria a las plantas, para que se conserven vivas y lozanas, así, según S. Crisóstomo (*T.*

1. Hom. 67), necesitamos de la oración para salvarnos. El que descuida el orar, muy presto cae en la culpa. Llámase también la oración el alimento del alma, porque así como el cuerpo no puede sostenerse sin alimento, así el alma, dice S. Agustín, no puede conservar la vida sin la oración.

Todos estos símiles y comparaciones que nos presentan los santos Padres, nos dan bastante a entender la absoluta necesidad de orar para obtener la salud.

La oración es el arma más necesaria para defendernos contra los ataques de nuestros enemigos. El que no ruega, dice Sto. Tomás, está perdido; y asegura el mismo santo que Adán cayó porque no se encomendó a Dios cuando fue tentado.

Lo mismo opina S. Gelasio sobre los ángeles rebeldes. S. Carlos *(Act. Eccl. Med. p. 1005)*, en una de sus cartas pastorales, nos hace advertir que entre todos los medios de salud que Jesucristo nos recomienda en el Evangelio, ocupa la oración el primer lugar.

Con ella quiso el Señor distinguir su Iglesia de las sectas, llamándola especialmente casa de oración. *(Math. 24. 45)*.

Concluye S. Carlos que la oración procura el principio, el progreso y la perfección de todas las virtudes, por manera que en nuestras dudas, en nuestras miserias, y en nuestros peligros no nos cabe otra esperanza que levantar nuestros ojos hacia Dios, para alcanzar por nuestras oraciones, de su divina misericordia, nuestro consuelo y nuestra salud. (2. *Par. 20. 12)*. David no conocía otro medio para no caer en manos de sus enemigos que rogar incesantemente al Señor le librase de sus lazos. *(Ps. 24. 15)*.

Así pues, no cesaba de decirle: *(Ps. 24. 16. Ps. 118. 146)* Señor, volved hacia mi vuestras miradas, tened compasión de mi miseria, salvadme.

Nada puedo sin vos, y fuera de vos no tengo que esperar ningún socorro. ¿Cómo pudiéramos resistir a nuestros poderosos enemigos y observar los divinos preceptos, sobre todo después que el pecado de nuestro primer padre nos ha vuelto tan débiles y sujetos a tantas miserias, si no tuviéramos el medio de la oración, para obtener del Señor la luz y la fuerza que necesitamos?

Blasfemó Lutero cuando dijo, que después del pecado de Adán, la observancia de la ley de Dios era imposible al hombre. Jansenio pretendió asimismo que había preceptos imposibles aun para los justos con sus fuerzas actuales, y basta aquí su proposición hubiera podido explicarse en un buen sentido; más fue justamente condenada cuando añadió que el hombre no recibía la gracia de Dios, que hubiera hecho posible el cumplimiento de sus preceptos.

Verdad es, dice S. Agustín *(De Nat. et Grat. c. 44. n. 50)*, que el hombre, por razón de su debilidad, no puede cumplir algunos preceptos con sus fuerzas actuales y con la gracia ordinaria común a todos; más puede muy bien obtener por medio de la oración el socorro más poderoso de que necesita para observarlos. Este texto del santo ha venido a hacerse célebre, hasta ser adoptado para formar dogma de fe por el santo concilio de Trento. *(Ses. 6. c. 11)*.

Añade el santo doctor *(De Nat. et Grat. e. 69. n. 83)*. Vemos que por medio de la oración puede hacer el hombre lo que no pudiera por sí mismo. Y quiere decir que por la oración conseguimos el remedio de nuestra debilidad, pues que orando, Dios nos da la fuerza para hacer lo que sin él nos sería imposible.

No es creíble, continua S. Agustín (*ib. c. 16, n. 3*), que Dios, habiendo querido imponernos la observancia de la ley, nos haya dado una ley imposible; y por esto cuando nos da a conocer nuestra impotencia, para observar todos sus preceptos, nos advierte que practiquemos las cosas fáciles con la gracia ordinaria que nos concede; pero que las difíciles las hagamos con el socorro más abundante, que podemos obtener por el medio de la oración.

Más, se dirá tal vez, ¿cómo nos ha mandado Dios cosas imposibles a nuestras propias fuerzas? Precisamente continua el santo, con el fin de que obtengamos por la oración, el socorro necesario para hacer lo que no podemos por nosotros mismos. (*In. Ps. 102*).

La ley no puede ser observada sin la gracia; y Dios nos ha dado la ley a fin de que sin cesar le supliquemos que nos dé la gracia para observarla. En otra parte dice: (*Serm. 13. de Verb. apost. c. 3*) que debemos servirnos de la ley; más ¿con qué objeto? para que conociendo por medio de la ley nuestra impotencia de cumplirla, obtengamos por medio de la oración el socorro divino que supla a nuestra debilidad.

Sabe el Señor, dice S. Bernardo, (*Sermo 5. de Quadr.*) cuanto sirve la necesidad de orar para conservarnos en la humildad y en la confianza.

Por esto permite que seamos atacados por enemigos superiores a nuestras fuerzas, a fin de que por la oración obtengamos de su misericordia el socorro necesario para resistir.

Observemos sobre todo que no se puede resistir a las tentaciones de impureza, sino recorriendo a Dios por medio de la oración. Es la carne un tan terrible enemigo, que en los asaltos con que nos embiste, nos ciega, nos hace olvidar nuestras meditaciones y nuestros buenos propósitos; nos hace perder el respeto a las verdades de la fe, y el temor a los castigos de Dios: el que a Dios no recurre, está perdido.

El único recurso contra semejantes tentaciones es la oración, según S. Gregorio de Nisa. Ya antes que él, lo había declarado Salomón *(Sap. 8. 21)*. La castidad es una virtud que no tenemos fuerza para practicar, si Dios no nos la concede; y Dios no concede esta fuerza sino al que se la pide; pero pidiéndosela estamos seguros de alcanzarla.

Sto. Tomás decide contra Jansenio, que no podemos decir nos sea imposible observar el precepto de la castidad, u todo otro precepto *(1. 2. q. 309. n. 4. a. 2)*; pues aunque no podamos lograrlo por nuestras propias fuerzas, lo podemos no obstante con el auxilio de Dios.

No se diga que es una injusticia el mandar a un cojo que ande derecho: no, no es una injusticia, responde S. Agustín, con tal que se le dé el modo de hallar un remedio que cure su enfermedad; después de lo cual, culpa suya será si continúa cojeando, *(De Perf. Just. c. 3)*.

En una palabra, añade el mismo santo doctor, no sabrá bien vivir quien no sepa bien rogar. *(Ib. Hom. 43)*. Y S. Francisco de Asís acostumbraba decir; que sin la oración nada bueno puede esperarse de un alma.

Sin razón, pues, se excusan los pecadores cuando aseguran que no tienen fuerza para resistir a las tentaciones. Más si vosotros no tenéis esta fuerza, les responde el apóstol S. Jaime, ¿por qué no la pedís? Si no la tenéis es por no pedirla. *(Jacob. 4. 2)*.

Es innegable que somos harto débiles para resistir los ataques de nuestros enemigos; pero también es cierto que Dios es fiel en sus promesas, dice el Apóstol, y que no permite seamos tentados sobre nuestras fuerzas. (*1 Cor. 10. 13*).

Débiles somos, pero Dios es fuerte: si le pedimos socorro nos comunica su fuerza, y entonces lo podemos todo (*Philip. 4. 13*). No hay pues excusa, dice S. Crisóstomo, para el que cae, porque descuida el rogar, pues si rogase, no sucumbiría. (*Serm. de Moys.*)

Que sea lícito y útil invocar a los santos como intercesores para obtenernos por los méritos de Jesucristo, lo que no somos dignos de alcanzar a causa de nuestros deméritos, es lo que la Iglesia nos enseña en el santo concilio de Trento (*Ses. 25*).

Esta invocación fue proscrita por el impío Calvino, pero injustamente; pues, ya que es permitido y provechoso implorar el socorro de los santos que viven, pidiéndoles que rueguen, como practicaba el profeta Baruch (*Bar. 1. 13*) y S. Pablo (*1 Thess. 5. 25*); ya que quiso Dios mismo que los amigos de Job se recomendasen a sus oraciones, para que en consideración a los méritos de éste, consiguiesen las gracias del cielo (*Job, 42. 8*); ¿por qué no ha de ser permitido invocar los santos del cielo que gozan de Dios?

No por esto se defrauda el honor debido a Dios, antes bien se agradece este honor, al modo que se honra a un rey no solo en su persona, sino también en la de sus servidores. ¿Qué sacaremos, se dirá quizás, de recurrir a los santos a fin de que rueguen por nosotros supuesto que ruegan ya por todos aquellos que lo merecen?

Responde Santo Tomás (*In 4. Sent. d. 45. q. 2. a 2. ad 2*), que nadie sería digno de que rogasen por él los santos; pero que se puede llegar a serlo invocando piadosamente su socorro.

Es bastante probable que podemos recomendarnos a las almas del purgatorio, porque es de creer que Dios les manifiesta nuestras súplicas a fin de que estas santas almas rueguen por nosotros, y que de este modo entre ellas y nosotros se conserve una unión de caridad y de recíprocas oraciones.

Juzga Santo Tomás que las almas del purgatorio no se hallan en *el estado* de rogar; pero una cosa es que uno no esté en *estado propio para* rogar, otra que no pueda rogar. Verdad es que estas almas no están en estado de rogar, pues hallándose, añade el santo doctor, en los sufrimientos de la purgación, son inferiores a nosotros, y más bien tienen necesidad de nuestras súplicas; sin embargo, en esta situación pueden rogar, porque son amadas de Dios.

Si un padre ama tiernamente a su hijo, pero lo tiene encerrado en castigo de alguna falta, y aquel hijo en tal estado ¿no podrá pedir para los demás, y esperar la gracia que pide, conociendo el afecto que su padre le tiene? Asimismo, siendo las almas del purgatorio muy queridas de Dios y confirmadas en la gracia, nada hay que las prive de rogar por nosotros.

No obstante, la Iglesia no las invoca, porque de ordinario nuestras súplicas no llegan a su conocimiento; más se cree piadosamente que el Señor se las manifiesta alguna vez, y entonces estas almas, ardiendo en caridad, no dejan ciertamente de rogar en favor nuestro. Sta. Catalina de Bolonia cuando deseaba alguna gracia, recorría a las almas del purgatorio, y era muy presto atendida; asegurándonos ella también, que muchas gracias que no había podido obtener por la intercesión de los santos, las había alcanzado por el medio, de las almas del purgatorio.

Si queremos probar el socorro de las almas del purgatorio, es necesario también que las ayudemos con nuestras oraciones y con nuestras buenas obras.

Aún digo más; este es uno de los deberes del cristiano, porque exige la caridad que aliviemos al prójimo, cuando tiene necesidad de nuestro socorro, y podemos dárselo sin gran dificultad: pues es muy cierto, que bajo el nombre de prójimo van también comprendidas las almas del purgatorio, las cuales, aunque salidas de este mundo, no dejan de estar en la comunión de los santos, dice S. Agustín (*L. 20. de Civ. Dei*, c. 9).

Enseña Sto. Tomás que la caridad debida a los difuntos muertos en estado de gracia es una extensión de la misma caridad que debemos a los vivos. De lo que se sigue, que es una obligación nuestra el socorrer tanto como nos sea posible a estas santas almas; y así como sus necesidades son mayores que las de los vivos, parece que, bajo este respeto, estamos aún más obligados a socorrerlas.

Estas santas almas cautivas, sienten necesidades urgentes, y es cierto que sus penas son inmensas. El fuego que las abrasa, dice S. Agustín, es un tormento mayor que ninguna de las penas que pueden afligir al hombre en esta vida. (*In Ps.* 37). Y Santo Tomás (*In 4. Snt. d. 21*) añade: que el fuego es el mismo que el del infierno; y aun esto no pertenece sino a la pena de sentido, pues la pena del daño, es decir, la privación de la vista de Dios, es aún mucho mayor.

Abrasadas de amor sobrenatural hacia Dios, se sienten atraídas con violencia a unirse a su Bien soberano, y viéndose retenidas por sus faltas, sufren una pena tan cruel, que si pudiesen morir, morirían a cada instante.

Esta pena de la privación de Dios, según S. Crisóstomo, las atormenta incomparablemente más que la pena de sentido: así que muy gustosas prefirieran sufrir todas las demás penas, antes que verse privadas un solo instante de esta unión tan deseada con Dios.

He aquí porque Sto. Tomás cree que la pena del purgatorio es superior a todo cuanto aquí en el mundo puede sufrirse (*In 4. Sent. d. 21. 7. 1.a. 1. q. 3*).

Refiere Dionisio el cartujo, que un difunto resucitado por la intercesión de S. Gerónimo, dijo a S. Cirilo de Jerusalén (*L. 4. p. 5. a. 19*), que todos los tormentos de la tierra son consuelos y delicias si se comparan con la más mínima pena del purgatorio; añadiendo, que si alguno hubiese sentido aquellas penas, antes quisiera sufrir todos los dolores que se habrán tenido que sentir en este mundo hasta el día del juicio, que suportar en el solo espacio de un día la más pequeña pena del purgatorio.

S. Cirilo opina que las penas en cuanto a su vivacidad son las mismas que las del infierno, y que no difieren de estas últimas sino en que no son eternas. Los sufrimientos de estas pobres almas son por lo mismo muy grandes, y estas almas no pueden darse ningún alivio, estando como se hallan encadenadas, en expresión de Job (*Job 36. 8*). Están ya destinadas al reino del cielo, pero no pueden tomar de él posesión, hasta después de haber purificado enteramente sus faltas, o por sufrimientos, o por nuestros sufragios.

Es de fe que nosotros podemos, especialmente con nuestras oraciones, que autoriza el uso mismo de la Iglesia, aliviarlas almas del purgatorio; no veo pues como podrá excusar su falta el que descuide el prestarles algún socorro, a lo menos por sus oraciones.

Si no lo hacemos por deber, hagámoslo a lo menos por el deseo de agradar a Jesucristo, trabajando para liberar a sus esposas queridas, para que se le reúnan en el cielo.

Consideremos cuantos méritos podemos adquirir ejerciendo un grande acto de caridad hacia las santas almas; que por su parte no son por cierto ingratas, y que saben apreciar el grande beneficio que les procuramos librándolas de sus penas, y alcanzándoles por medio de nuestras súplicas la anticipación de su entrada en la gloria, donde no dejarán de rogar ellas por nosotros.

Y cada vez que el Señor promete su misericordia al que se muestra misericordioso con el prójimo, (Matth. 5. 7) ¿no podemos con el mayor fundamento esperar nuestra salud, cuando nos aplicamos a aliviar almas tan atormentadas y tan queridas de Dios? Jonatás, después de haber procurado la salud de los hebreos con la derrota de sus enemigos, fue condenado a muerte por Saúl su padre por haber gustado miel, contra la orden del rey que lo prohibía; más el pueblo se presentó a Saúl, y le dijo: ¿Será Jonatás condenado a muerte después de haber salvado el pueblo? (1 Reg. 14. 45).

Así es como debemos esperar que si alguno obtiene por sus súplicas que una alma salga del purgatorio, y vaya al paraíso, esta alma dirá a Dios: Señor, no permitáis que se pierda el que me ha libertado de mis penas; y así como Saúl concedió la vida a Jonatás a causa de las instancias del pueblo, Dios no rehusará conceder la salud de un fiel a las súplicas de un alma que es su esposa. Dice San Agustín, que los que desde esta vida habrán contribuido más al consuelo de aquellas santas almas, serán también por una muy especial providencia de Dios más socorridas en la otra si se hallan en el purgatorio.

Y es un medio muy poderoso de ser útil a las almas del purgatorio el oír la misa por ellas, y allí recomendarlas a Dios por los méritos de Jesucristo, diciéndole: "Padre eterno, os ofrezco este sacrificio del cuerpo y de la sangre de Jesucristo, con todos los dolores que sufrió durante su vida y en su muerte; por los méritos de su oración os recomiendo las almas del purgatorio, y especialmente, etc".

Y es también un acto excelente de caridad el recomendar al mismo tiempo las almas de los agonizantes.

No puede ponerse en duda el que no sea utilísimo recurrir a la intercesión de los santos canonizados por la Iglesia, y que gozan de la vista de Dios. Creer que la Iglesia puede engañarse en esta canonización, es una herejía, o a lo menos un error que se acerca a herejía; pues que el supremo Pontífice en la canonización de los santos, obra, como enseña Sto. Tomás (*Quedl. 9. a. 16. ad 1*); guiado por la asistencia infalible del Espíritu Santo.

Pero ¿estamos obligados a recurrir a la intercesión de los santos? Sto. Tomas supone como cosa cierta que todo hombre está obligado a orar *(In 4. Sent. d. 15. 9. 4. a. 1)*, pues que las gracias necesarias a la salud, no pueden obtenerse sino por la oración.

En otra parte *(Ib. d. 45 q. 3. a. 2.)* pregunta si debemos rogar a los santos que intercedan por nosotros. Y responde que el orden establecido por Dios requiere que nos salvemos por el medio de los santos, recibiendo por su mediación los medios necesarios a nuestra salud.

Y si se replica qué parece inútil recurrir a los santos, puesto que Dios es infinitamente más misericordioso y más inclinado a escuchar, responde que Dios lo ha querido así, no por falta de clemencia, sido para conservar el orden que ha fijado generalmente de obrar por medio de las segundas causas.

Aunque no debamos rogar sino a solo Dios, como autor de las gracias, estamos sin embargo obligados de acudir a la intercesión de los santos, para observar el orden que el Señor ha establecido tocante a nuestra salud, a saber, que los inferiores se salven, implorando el socorro de los superiores.

Lo que decimos sobre la intercesión de los santos, se debe creer con mucha mayor razón de la intercesión de la santa Virgen, cuyas súplicas son ciertamente más poderosas para con Dios que las de todo el paraíso; pues según Sto. Tomás (*Ep. 8.*), los santos pueden, a proporción de los méritos que han adquirido, salvar muchas almas; más Jesucristo, y también su santa Madre, tienen méritos bastantes para salvar a todos los hombres; y san Bernardo dice, hablando de María (*Serm. in Dom. int. oct. Assumpt.*), que así como no podemos acercarnos al Padre sino por medio del Hijo, que es mediador de justicia, así tampoco podemos acercarnos al Hijo sino por medio de la Madre, que es mediadora de gracia, y que nos alcanza por su intercesión los bienes que nos mereció Jesucristo.

María recibió de Dios dos plenitudes de gracias: la primera fue la encarnación del Verbo eterno en su castísimo seno; la segunda es la plenitud de las gracias que conseguimos de Dios por su intercesión (*Ibid. ser. de Aquoed.*). Así pues, cuantos bienes recibimos del Señor nos vienen por la intercesión de María.

¿Y por qué esto? Porque, responde el mismo S. Bernardo, tal es la voluntad del Señor. Enseña S. Agustín que María es justamente llamada Madre nuestra, porque cooperó con su caridad a hacernos nacer a la vida de la gracia, como miembros de Jesucristo nuestra cabeza.

Y así como María cooperó con su caridad al nacimiento espiritual de los fieles, Dios quiere también que coopere por su intercesión a que adquieran la vida de la gracia en este mundo, y en el otro la vida de la gloria. Por esto es voluntad de la Iglesia que la llamemos *nuestra vida, nuestra dulzura y nuestra esperanza* (*L. 3. de Simb. ad cat. c. 4*).

S. Bernardo nos exhorta a recorrer siempre a esta divina Madre, porque sus oraciones son ciertamente oídas del Hijo: este santo la llama *escala,* porque así como no se sube al tercer escalón sino apoyándose en el segundo, y al segundo sin servirse del primero; asimismo no se llega a Dios sino por medio de Jesucristo, y no se llega a Jesucristo sino por medio de María.

Llámala después su confianza mayor, y todo el fundamento de su esperanza; porque, dice, que quiere Dios que todas las gracias que nos concede pasen por las manos de María; y todas las gracias que deseamos, añade, debemos pedirlas por el medio de María, cuyas súplicas no pueden ser jamás desechadas.

Lo mismo enseñan S. Efrén, S. Ildefonso, S. Germano, S. Pedro Damiano, S. Antonino, S. Bernardino de Sena, el cual dice que todas las gracias no solo se nos transmiten por medio de María, sino que la santa Virgen adquiere, desde el instante en que fue erigida Madre de Dios, una especie de jurisdicción sobre todas las gracias que se nos conceden.

Del mismo sentir es S. Buenaventura. Por esto los teólogos, fundados sobre la autoridad de tan santos varones, han piadosa y justamente sostenido la opinión que Dios no concede gracia alguna sin la intercesión de María.

Y no hay que dudarlo, pues, si quiere que recorramos a los santos, ¿cuánto más grato le será que nos sirvamos de la intercesión de María, a fin de que por sus méritos supla nuestra indignidad, como dice S. Anselmo? (*De Excel, Virg. c. b*).

En cuanto a la dignidad de María, asegura Sto. Tomás, que es casi infinita (*1. p. q. 25. a. 6. ad 4*). Así pues, es evidente que las súplicas de María son más poderosas para con Dios que las de toda la corte celestial.

De todo lo dicho debemos concluir, que el que ruega se salva ciertamente, así como el que no ruega se condena. Todos los bienaventurados, exceptuando los niños, se han salvado por la oración: todos los condenados se han perdido por no haber orado: si hubiesen rogado, no se hubieran perdido. Su mayor desespero en el infierno será siempre el haberse podido salvar tan fácilmente, pidiéndole a Dios sus gracias, y de no estar ya a tiempo de pedírselas.

CAPÍTULO II
DE LA FUERZA DE LA ORACIÓN

Nuestras súplicas son tan gratas a Dios, que tiene encargado a sus ángeles que se las presenten, dice S. Hilario (*C. 28. in Matth.*) son representadas por el incienso místico que vio S. Juan elevarse hacia Dios, y serle presentado por los ángeles (*Apoc. c. 5. et c. 8*).

En otra parte dice el mismo apóstol, que las oraciones de los santos son como vasos de oro llenos de perfumes preciosos y muy agradables a Dios.

Más para conocer mejor la fuerza de las oraciones, basta leer en las divinas Escrituras del antiguo y del nuevo Testamento las promesas innumerables que ha hecho Dios a los que piden.

—Invocadme y yo os escucharé. Invocadme y yo os libraré.

—Pedid y recibiréis; buscad y encontrareis; llamad y se os abrirá.

—(Dios) dará bienes a los que se los pidieren.

—Cualquiera que pide, recibe; todo aquel que busca, encuentra.

—Todo lo que ellos pidieren, mi Padre se lo concederá.

—Todo lo que pidiereis por medio de la oración, creed que lo recibiréis, y que os sucederá.

—Si pedís alguna cosa en mi nombre, yo la haré.

—Vosotros pediréis todo lo que quisiereis, y lo alcanzareis.

—En verdad os digo, si pedís alguna cosa a mi Padre en nombre mío, Él os la dará.*

Omito un gran número de otros textos semejantes a los que he citado. Dios quiere nuestra salud; más para nuestro mayor bien, quiere que sea el precio de un continuo combate.

En tanto que vivimos en este mundo, tenemos enemigos que rechazar, y solo alcanzando sobre ellos victoria, podemos salvarnos. (*4. Chryzost. Serm. 4 de Mart.*).

Nosotros somos muy débiles, y nuestros enemigos son poderosos y en gran número. ¿Cómo podremos resistirlos y vencerlos? Revistámonos de valor, y digamos como el Apóstol (*Philipp. 4. 3*): todo lo podremos por la oración, por ella nos dará el Señor la fuerza que nos falta. La oración es todopoderosa, dice Teodoreto: pues se obtienen todas las cosas.

Afirma S. Buenaventura, que la oración nos alcanza la gracia de practicar el bien, y de evitar el mal. Según S. Lorenzo Justiniano (*De casto connub. c. 22.*), por el medio de la oración edificamos una torre inexpugnable, en donde estaremos seguros contra los lazos y las violencias de los enemigos. Muy grande es el poder del infierno, pero más fuerte es todavía la oración, dice S. Bernardo (*Serm. 49*).

Y en efecto, porque por medio de la oración logra el alma el socorro divino, infinitamente superior a toda potencia creada. Así David en todos sus temores se alentaba, repitiendo estas palabras: Yo llamaré al Señor

---

* *Jer. 35. 5. Ps. 49. 15. Matth. 7. 7. Matth. 7.11 Luc. 11.10. Matth. 18. 19. Marc. 11. 24. Joan. 14.14; 15. 7; 16. 25.*

en mi ayuda, y quedaré libre de todos mis enemigos. (*Ps. 17. 4*).

Y en sentir de S. Crisóstomo (*In Ps. 145*) la oración es un arma que nos defiende contra todos los asaltos del enemigo, y nos sostiene en todo género de peligros; es un puerto de salud, y un tesoro que nos procura toda especie de bienes.

Conociendo Dios la gran ventaja que sacamos de la fuerza de la oración, permite que estemos expuestos a los ataques de nuestros enemigos, para que le pidamos el socorro que Él nos ofrece y nos promete. Más cuanto se complace en vernos recorrer a Él en los peligros, otro tanto se indigna al ver que descuidamos la oración.

Así como un rey tendría por infiel a un general que viéndose bloqueado en una plaza no le pidiese socorro, así mira Dios como un traidor al que en las tentaciones no implora su auxilio, pues que él desea y espera que se lo pidan para concederlo con abundancia. Esto es lo que nos da a entender Isaías, cuando dice de parte de Dios al rey Achaz, que le pida alguna señal para asegurarse del socorro que Dios quería darle (*Isai. 7. 14*).

El impío monarca le responde: Yo no se lo pediré, porque no quiero tentar al Señor. Así hablaba, porque tenía confianza en sus propias fuerzas para vencer a los enemigos sin el socorro de Dios. Más el profeta le reprende, y le declara que es ultrajar a Dios el dejar de pedirle las gracias que Él mismo ofrece.

Venid a mí todos aquellos que os halléis sumidos en la aflicción: pobres hijos míos, dice el Salvador, ¿os halláis acaso asaltados por vuestros enemigos o agobiados bajo el peso de vuestras culpas? (*Math. 11. 28*) no desmayéis, recorred a mí por la oración, yo os daré la fuerza de resistir, yo pondré remedio a todos vuestros males.

En otro pasaje dice, por boca de Isaías: Hijos de los hombres, recorred a mí, y aunque estuviereis cubiertos de iniquidades, no dejéis de venir; y os doy permiso para quejaros de mí, si después que me hubiereis invocado, no os torno con mi gracia más cándidos que la nieve (*Is. X. 18*).

Pero, ¿qué es la oración? Dejemos que responda S. Crisóstomo (*Hom. 31. ad pop. Aut.*): La oración es una áncora de seguridad para cualquiera que está en peligro de naufragar; es un tesoro inmenso de riquezas para el indigente; es un remedio eficacísimo para el enfermo; es un preservativo para quien quiera conservarse en salud.

Escuchemos a S. Lorenzo Justiniano. (*De Perf. c. 12*): la oración aplaca la indignación de Dios, que perdona al pecador cuando ruega con humildad: ella alcanza todo lo que se solicita: ella triunfa de todos los esfuerzos de los enemigos; en una palabra, ella transforma los hombres de ciegos en perspicaces, de débiles en fuertes, de pecadores en santos.

¿Se necesita luz? pídase a Dios que Él la concederá. Tan presto como recorrí a Dios, dice Salomón, me concedió la sabiduría. (*Sap. 7. 7.*) ¿Se necesita fuerza? pídase a Dios que Él la dará. Tan presto como abrí los labios para pedir, dice David, recibí socorro de Dios (*Ps. 118. 131*). ¿Cómo pudieron los mártires tener bastante fuerza para resistir a los tiranos, sino por medio de la oración, que les daba fuerza bastante para resistir los tormentos y la muerte?

En una palabra, el que ruega, según dice S. Crisóstomo (*Serm. 43*), no peca; se despega de la tierra, se eleva hasta el cielo, y empieza a gozar ya en esta vida la conversación de Dios. ¿A qué preguntar: quien sabe si estoy o no inscrito en el libro de la vida? ¿Quién sabe si me dará Dios la gracia eficaz y la perseverancia? ¿Para qué, dice el Apóstol (*Philipp. 4. 6*), turbarnos con estos temores?

Lejos de vosotros semejantes inquietudes, propias solo para haceros perder la confianza, y tornaros más tibios y más lentos en el camino de la salud.

Rogad, y no ceséis de rogar: dad gracias a Dios de las promesas que os ha hecho, de concederos todo cuanto le pediréis, la gracia eficaz, la perseverancia, la salud, todo absolutamente. Quiere el Señor que luchemos contra nuestros poderosos enemigos; pero Él es fiel con sus promesas, y no permite que el ataque sea superior a nuestras fuerzas (*Cor. 10. 13*).

Es fiel, pues socorre en el momento mismo de ser invocado. Pretende el cardenal Gotti (*Theol. t. 2. de grat. tr. 6. g. 2. 5. 3.* n. 30) que el Señor no está obligado a darnos siempre una gracia igual a la tentación; pero que lo está en cierto modo cuando somos tentados y a Él recorremos en comunicarnos por medio de la gracia de Dios, que Él concede a cualquiera que se la pide humildemente.

Así que somos inexcusables, cuando nos dejamos vencer por la tentación. Entonces la falta es nuestra, porque no pedimos. La plegaria nos pone en seguridad contra los lazos y los esfuerzos del enemigo (*Agust. Serm. de Or.*).

La oración, dice S. Bernardino de Sena, es una embajadora fiel, harto conocida del Rey de los cielos: ella entra muy fácilmente en su gabinete, y por su celo, obtiene de este compasivo Monarca los socorros que necesitamos en nuestros combates y en nuestras miserias. (*Serm. in Dom. 3*).

Isaías nos asegura también, que al punto que el Señor oye nuestras súplicas, sus entrañas se mueven a compasión hacia nosotros, y se apresura a enjugar nuestras lágrimas, concediéndonos todo cuanto le pedimos (*Is. 30. 19*).

El Señor, por boca de Jeremías, nos hace esta inculpación: (*Jer. 2. 31*) ¿Por qué decir que no queréis recurrir a mí? ¿Es porque mi misericordia sea para vosotros una tierra estéril, que no produce fruto alguno de gracias? ¿O bien una tierra que produce un fruto tardío?

Con esto quiso darnos a entender el Señor, que no falta jamás en escucharnos, quejoso de la desconfianza de aquellos que no le hacen súplica alguna por temor de no ser atendidos.

Si Dios nos permitiese exponerle nuestras necesidades una vez al mes, seria ya esto un insigne favor. Los reyes de la tierra no dan audiencia sino algunas veces al año; más Dios está siempre pronto a escucharnos, y a admitir nuestras súplicas, dice S. Crisóstomo; y jamás sucede, cuando se ruega como se debe, que no nos dé oídos (*Hom. 52. in Matth*).

Antes de concluir nuestra oración, Dios nos ha ya escuchado (*Is. 65. 24*). El mismo Dios lo promete en Isaías. El Señor, dice David, está cerca del que le ruega, para escucharle y salvarle (*Ps. 144. 18*).

De ello estaba íntimamente convencido Moisés cuando decía: (*Deut. 4. 7*) los dioses de los gentiles eran sordos a las súplicas, porque eran unas miserables criaturas que nada podían, más nuestro Dios es todopoderoso, escucha nuestras oraciones, y está siempre pronto a conceder todas las gracias que le pedimos.

Señor, exclama el Rey Profeta, he reconocido que vos erais el Dios de bondad y de misericordia, pues todas las veces que a vos he recurrido, me habéis amparado al momento (*Ps. 55.10*).

Desnudos estamos de todo, pero la oración nos proporciona para todas nuestras necesidades. Nosotros somos pobres, pero Dios es rico y liberal, dice el Apóstol, hacia aquellos que imploran su socorro (*Rom. 40. 12*).

Ya pues que tenemos un Señor infinitamente rico y poderoso, añade S. Agustín, no le pidamos cosas viles y despreciables, sino siempre cosas grandes. Si alguno pidiese un óbolo a su rey pareciera hacerle una injuria.

Nosotros pues honramos a Dios, exaltamos su misericordia y su liberalidad siempre que, aunque miserables e indignos de todo beneficio, le pedimos sin embargo gracias señaladas, sin más título que su bondad y la promesa hecha por Él de conceder al que le ruega las gracias por Él deseadas (*Joan. 15. 7*).

Sta. Magdalena de Pazzi acostumbraba decir, que Dios se satisface de tal modo cuando le pedimos gracias, que nos premia con ellas en cierto modo; porque entonces parece que le ofrecemos oportunidad para colmarnos de bienes, y contentar su deseo de hacer bien.

Persuadámonos que cuando pedimos gracias a Dios, nos da siempre más de las que le pedimos. (*Jacob. 1. 5*). Así habla el apóstol S. Jaime, para manifestarnos que Dios no es como los hombres avaro de sus bienes. Los hombres, por ricos, por piadosos y liberales que sean, cuando hacen limosnas, dan casi siempre menos de lo que se les pide, pues sus riquezas, por grandes que sean, son sin embargo riquezas finitas; y así, cuantas más dan, menos les quedan para dar.

Pero Dios, cuando se le pide, da a manos llenas, siempre más de lo que se le pide, porque sus riquezas son infinitas, y cuanto más da, más le queda aún para dar (*Ps. 85. 5*).

¡Vos, oh Dios mío! exclamaba David, vos sois bueno y liberal para con los que os invocan, y tan abundantes son vuestras misericordias, que sobrepujan a todas las súplicas.

Roguemos, pues, con la mayor confianza; la súplica nos abrirá todos los tesoros del cielo. La súplica es un tesoro; cuanto más se pide, más se recibe; y cada vez que se ruega se alcanzan bienes más preciosos que el Universo (*2. Bonav. in Luc. 18*).

Hay almas devotas que emplean mucho tiempo en la lectura y en la meditación, pero poco en la súplica. Utilísimos son indudablemente los dos primeros ejercicios; pero, según S. Agustín, mucho más útil es el rogar. La lectura y la meditación nos enseñan nuestras obligaciones; pero la súplica nos alcanza la gracia de cumplirlas (*In Ps. 75*).

¿De qué nos servirá el conocer nuestros deberes y de no cumplirlos, sino de hacernos más culpables a los ojos de Dios? Por más entregados que estemos a la lectura y a la meditación, jamás cumpliremos con nuestras obligaciones, sino pedimos a Dios la gracia para poder cumplirlas exactamente.

Observa S. Isidoro, que nunca nos distrae tanto el demonio con el pensamiento de nuestros cuidados temporales, como cuando nos ve ocupados en rogar y pedir a Dios sus gracias (*In Sent. c. 2*).

¿Y por qué esto? porque sabe el enemigo que jamás alcanzamos tantos bienes del cielo como cuando rogamos. El fruto más precioso de la oración mental es pedir a Dios las gracias necesarias para la perseverancia y la salud.

Por este motivo en especial es la oración mental moralmente necesaria al alma para conservarse en la gracia de Dios, porque quien durante la meditación no se recoge lo bastante para pedir a Dios su socorro y la perseverancia, no lo hará por cierto en otras ocasiones.

Sin la meditación ni siquiera se pensará en la necesidad de pedir gracias; mientras que meditando, se verán las propias necesidades, los peligros, la necesidad de pedir; se pedirá en efecto, y se obtendrán las gracias y la salud.

Dice el padre Señeri, que al principio en sus meditaciones se ocupaba más en afectos que en súplicas; pero que conociendo después la necesidad y la inmensa utilidad del ruego, empleó en rogar una gran parte del tiempo de sus oraciones mentales.

Los hijuelos de la golondrina no hacen sino gritar piando para pedir a su madre socorro y alimento. Imitemos pues su ejemplo (*Is. 38. 11*); y si queremos conservar la vida de la gracia, no cesemos de gritar y de llamar a Dios a nuestra ayuda para evitar la muerte del pecado, y adelantar en su santo amor.

Refiere el padre Rodríguez, que los antiguos Padres, nuestros primeros maestros en la vida espiritual, conferenciaron entre sí para examinar cual sería el ejercicio más útil y más necesario para la eterna salud, y fueron de opinión que era repetir a menudo aquella corta súplica de David: *Señor, venid d mi socorro.*

Quiere Casiano que para salvarse se repita con frecuencia: *¡Mi Dios, socorredme, ayudadme, Dios mío!* Esta oración debemos hacerla al levantarnos por la mañana y continuarla en el día, en medio de todas nuestras ocupaciones espirituales y temporales, y sobre todo en el momento de la tentación.

S. Buenaventura dice que a veces se obtiene más presto la gracia por una corta oración, que por otras muchas buenas obras (*De prof. rel. I. 2. c. 8*).

Añade S. Ambrosio que aquel que ruega es por lo común oído antes de haber acabado su oración; porque rogar y recibir es una misma cosa. (*Ep. 24. ad Dem.*).

Asimismo asegura S. Crisóstomo que nada tiene tanto poder como un hombre que ruega (*Ser. 1. de S. Andr.*), pues se hace participante del poder mismo de Dios. Para llegar a la perfección, según S. Bernardo, hay necesidad de la meditación y de la oración, por medio de la primera vemos lo que nos falla; por la segunda recibimos lo que hemos menester.

En una palabra, sin la oración es dificilísimo salvarse; y es hasta imposible, si atendemos al orden comúnmente establecido por la divina Providencia; al paso, que rogando, es la salud la cosa más fácil y segura del mundo. Para salvarse no es necesario ir a sacrificar la vida entre los infieles, ni vivir de yerbas en los desiertos: basta exclamar: *¡Señor y Dios mío, tened piedad de mí, venid a mi socorro, salvadme!* ¿Puede imaginarse cosa más fácil?

Y no obstante, esta corta oración puede salvarnos si practicamos el bien. S. Lorenzo Justiniano nos exhorta a orar, a lo menos al comenzar cualquier acto.

Dice Casiano, que los antiguos Padres invitaban fuertemente los fieles a recorrer a Dios por medio de oraciones cortas, pero a menudo reiteradas.

Guárdense bien, dice S. Bernardo, de hacer poco caso de estas oraciones, porque Dios mismo las estima, concediéndonos lo que le pedimos (*Serm. 5. de Quadr.*), o lo que nos es aún más útil.

Sepamos que si no pedimos somos inexcusables, porque la gracia de rogar se concede a todo el mundo. En nuestra mano está el pedir todas las veces que queramos (*Ps. 41. 10*).

Dios dispensa a todos las gracias de rogar, a fin de que rogando, podamos obtener todos los socorros, aun los más abundantes, para observar su santa ley, y para perseverar hasta la muerte. Si no nos salvamos, será nuestra enteramente la culpa, y será por la sola razón de que no habremos rogado.

Capítulo III
De las condiciones de la oración

En verdad os digo, si pedís alguna cosa a mi Padre en mi nombre, os la concederá (*Joan. 16. 23*). Jesucristo promete, que todo cuanto pidiéremos en su nombre a Dios su Padre, nos será concedido; con tal empero que lo pidamos con los requisitos indispensables.

Muchísimos piden, dice S. Jaime, y no alcanzan, porque piden mal (*Jacob. 4. 3*). San Basilio explica así este pasaje: piden con poca fe, o con poca confianza (*Const. Mon. c. 1*), con poco deseo de conseguir la gracia; piden bienes no útiles para la salud, o piden sin perseverancia.

Sto. Tomás reduce a cuatro las condiciones de la oración, para que logre su efecto, a saber: que se debe pedir especialmente para sí, cosas necesarias para la salud, con piedad, con perseverancia.

La primera condición de la súplica es que la haga cada cual para sí, pues la salud está prometida al que pidiere.

Nadie duda, de otra parte, que no sean utilísimas a los pecadores las oraciones de los otros, y al mismo tiempo muy agradables a Dios. Se queja el Señor con los que le sirven, de que no le recomienden a los pecadores, y así lo declaró a Sta. Magdalena de Pazzi: "Ya ves, hija mía, le dice, cuan infelizmente se hallan los cristianos entre las garras del demonio; si no los libran mis elegidos con sus oraciones, vendrán a ser aquellos presa suya".

Pero este servicio de caridad, Dios lo exige principalmente de los sacerdotes y de las religiosas. La misma santa decía a sus hermanas en religión: "Mis hermanas queridas: no nos separó Dios del mundo para que obrásemos el bien tan solo para nosotras, sino también para que aplacáramos su justa indignación en favor de los pecadores".

Otro día le dijo asimismo el Señor: "A vosotras he dado, mis caras esposas, la ciudad de refugio, (es decir la pasión de Jesucristo), a fin de que supierais adonde debéis recurrir para ayudar a mis criaturas; servíos pues de aquella con este fin, y socorred a las que perecen, aunque sea ofreciendo por ellas vuestra vida".

Inflamada la santa en el más ferviente celo, presentaba a Dios cincuenta veces cada día la sangre del Redentor para los pecadores, y se consumía en el deseo de su conversión.

A menudo decía: "¡Cuanta pena siento, Dios mío, al ver que pudiendo ser útil a vuestras criaturas, dando la vida por ellas, no puedo hacerlo!" En sus ejercicios de piedad recomendaba a Dios los pecadores, rogando por ellos casi a todas horas.

A menudo se levantaba por la noche para ir a postrarse ante el augusto Sacramento, y rogar allí para los pecadores. Se la halló una vez toda llorosa, y como se le preguntase la causa, respondió: "Lloro, porque me parece que nada hago para la salud de los pecadores".

Llegaba hasta a ofrecerse por su conversión a sufrirlas penas mismas del infierno, con tal que en él no aborreciese Dios; y sucedió muchas veces que Dios, para complacerla, la afligió con dolores agudísimos en pro de la salud de los pecadores.

Rogaba ella especialmente por los sacerdotes; porque veía que el arreglo de su conducta era causa de la salud de los demás, así como su desarreglo lo era de la perdición de muchos, así pues, ella pedía a Dios que hiciese caer el castigo de las faltas de aquellos sobre sí misma, dictándole: "Señor, hacedme morir y tornar a vivir las veces que sea necesario para que yo satisfaga a vuestra justicia por ellos".

La historia de la vida de esta santa nos manifiesta, que con sus oraciones arrancó realmente muchas almas de las garras de Satanás.

Tal era el celo de Sta. María Magdalena de Pazzi para la conversión de los pecadores. Todos cuantos aman de veras a Dios no cesan de rogar para los pobres pecadores. Y a la verdad, ¿es posible amar a Dios, ver el amor que tiene a las almas, todo lo que Jesucristo ha hecho y sufrido por ellas, lo mucho que desea roguemos por los pecadores, y ser indiferente para con tan gran número de almas esclavas del demonio, no rogar con frecuencia al Señor que las ilumine, y les dé la fuerza para salir de su infeliz estado?

Verdad es que Dios no ha prometido escucharnos, cuando aquellos por quienes rogamos ponen un obstáculo positivo a su conversión; con todo, súplicas reiteradas han obtenido de Dios muchas veces gracias extraordinarias que han convertido los pecadores más endurecidos.

No descuidemos, pues, jamás en todos nuestros ejercicios de piedad el recomendar a Dios los pobres pecadores: el que ruega por los demás es más presto atendido cuando por sí mismo ruega. Veamos ahora las demás condiciones que exige Sto. Tomás en la oración, para que produzca su efecto.

La segunda condición es, que se pidan las gracias relativas a nuestra salud, pues que las promesas hechas a la oración no tienen por objeto las gracias temporales no necesarias a la salud del alma. S. Agustín, explicando esta promesa del Evangelio, dice: (*Tr. 162. in Joan*).

Algunas veces pedimos gracias temporales, y Dios no nos atiende porque nos ama, y quiere usar con nosotros de misericordia: (*S. Aug. t. 4. c. 212*) el médico que ama al enfermo no le concede lo que le dañaría.

Personas hay que si estuviesen enfermas o fuesen pobres, evitarían los pecados que cometen en su buena salud, o en medio de las riquezas. Las hay pues a las cuales Dios niega por amor estas ventajas, que no harían sino perjudicarlas. No por esto pretendemos que sea una falta pedir a Dios las cosas necesarias a la vida, con tal que conduzcan a la salud eterna; el sabio mismo las pedía (*Prov. 30. 8*); y conviene Sto. Tomás en que es permitido tomar por ellas un cuidado razonable. (*2. 2. q. 83. a. 6*).

El mal estaría en desear y procurar estos bienes como un objeto principal, y ocuparse en ellos como si fuesen todo el bien del hombre. Así que, cuando pedimos a Dios estas gracias temporales, debemos siempre hacerlo a condición de que sirvan al bien de nuestra alma; y si Dios nos los niega, estemos ciertos que es por amor, y porque serían dañinos a nuestra salud.

Muchas veces pedimos a Dios que nos libre de una tentación peligrosa, y Dios no nos escucha, antes permite que la tentación continúe en molestarnos. Pues esto es también para nuestro mayor provecho. No son las tentaciones, ni los malos pensamientos los que nos alejan de Dios, sino el consentimiento que a ellos, damos. La tentación, si se ruega y se resiste a ella, es un medio para llegar a la perfección y unirse a Dios. S. Pablo rogaba incesantemente a Dios que le librase de las tentaciones impuras (*2. Cor. 12. 7*); más Dios le respondía, que ya le bastaba tener la gracia.

De tal manera, que en nuestras tentaciones debemos rogar con resignación, diciendo: "Señor, libradme de esta pena, si el verme libre de ella me ha de aprovechar; y sino dadme fuerza bastante para resistirla".

Entonces conoceremos prácticamente la verdad de lo que dice S. Bernardo, esto es, que cuando pedimos a Dios alguna gracia, nos concede o bien esta misma gracia o alguna cosa más útil todavía.

El Señor parece algunas veces abandonarnos al furor de la tempestad para probar nuestra fidelidad en mayor beneficio nuestro; entonces parece sordo a nuestras súplicas, pero al mismo tiempo está cerca de nosotros, nos oye, nos ayuda secretamente, y nos fortifica con su gracia. Él mismo nos lo asegura por boca de David (*Ps. 80. 8*).

Las otras dos condiciones son la piedad y la perseverancia. La piedad abraza la humildad y la confianza; la perseverancia ha de durar hasta la muerte. Así pues, humildad, confianza, y perseverancia, he aquí las tres condiciones más necesarias para la oración.

I
DE LA HUMILDAD CON QUE DEBEMOS ORAR

El Señor atiende la oración, pero esta ha de ser humilde (*101.18*), pues de otro modo la desecha. Dios no escucha la oración del orgullo lleno de confianza en sí mismo (*Jacob.* 4. 6), y dejándole en su miseria y privado del socorro divino, se pierde aquel sin remedio.

He pecado, decía David, porque no he sido humilde (*Ps. 118. 67*). Lo mismo sucedió a S. Pedro: advertido por el Señor que todos sus discípulos le abandonarían, en vez de reconocer su debilidad y de pedir socorro a Dios, se fía de sus fuerzas, y dice, que aun cuando todos abandonasen a su Maestro, él no le abandonaría.

Le dijo el Salvador que él mismo le negaría tres veces; pero Pedro, siempre presuntuoso, se vanaglorió de que no lo haría. Más apenas hubo entrado Pedro en casa del pontífice, negó por tres veces y conjuramento a su Salvador y Maestro.

Si Pedro se hubiese humillado, si hubiese pedido al Señor la perseverancia, no se le hubiera negado.

Nosotros nos hallamos todos como suspendidos de lo alto de una montaña sobre el abismo de todos los pecados: un solo hilo nos sostiene, que es la gracia; si este hilo llega a romperse, caemos en este abismo, es decir, en los más abominables desórdenes (*Ps. 93. 17*).

Si Dios no me hubiera socorrido, hubiera yo pecado ya de mil modos, y me encontrará sepultado en el infierno, decía David, y cada uno de nosotros debe decirlo con Él.

En este mismo sentido decía S. Francisco de Asís, que él era el mayor pecador del mundo. Más, esto que vos decís, Padre mío, replicó su compañero, no es verdad; pues en el mundo hay pecadores mucho más grandes que vos. ¡Ah! harto es cierto por desgracia lo que digo, contestó el santo, pues si Dios no me hubiese sostenido, me hubiera precipitado en todos los pecados.

Es una verdad de fe que sin la gracia no podemos hacer obra alguna, ni tener un solo pensamiento meritorio para la salud, decía S. Agustín (*De Corr. et Grat. c. 2*). Así como el ojo nada puede ver sin la luz, así, añade el mismo santo, el hombre no puede obrar bien alguno sin la gracia. Antes que él lo había ya declarado el Apóstol (*2. Cor. 3. 5*).

Del mismo modo pensaba David. En vano trabaja el hombre en su santificación, si Dios no pone en ello la mano (*Ps. 126. 1*). Si Dios no preserva al alma del pecado, no se podrá nunca evitar por las propias fuerzas. Así confiesa su debilidad: mi confianza no está en las armas (*Ps. 45. 7*), sino que reposa únicamente en Dios, que puede salvarme.

Cuando, pues, se ha obrado algún bien sin haber cometido los mayores pecados, es preciso decir con S.

Pablo: La gracia de Dios me hace ser lo que soy (*1. Cor. 15. 10*) y por la misma razón se ha de tener temor de caer, pues el mayor peligro está en creerse firme (*1. Cor. 10. 12*). Y la razón es porque quien cree ser alguna cosa no siendo nada, se engaña (*Galat. 6. 3*).

Con razón dijo S. Agustín (*Serm. 13. de Verb. Dei*): cuando no se teme, señal es que se confía en sí propio y en sus buenos propósitos; ilusión harto perniciosa; porque confiando en las propias fuerzas se cesa de temer; y no temiendo, no nos encomendamos a Dios, y entonces nos perdemos.

También hemos de tener cuenta en no darnos gloria con motivo de los pecados ajenos, antes bien creernos más malos que los otros, es decir: Señor, si vos no me hubierais sostenido, yo habría obrado mucho peor que ellos.

De lo contrario, Dios castigará nuestro orgullo, permitiendo que incidamos en tropiezos aún más vergonzosos. Por esto nos advierte el Apóstol que obremos nuestra salud temiendo y temblando *(Philip. 2. 12)*.

En efecto, quien teme mucho caer, desconfía de sus fuerzas, y poniendo en Dios toda su confianza, recurre a Él en los peligros, recibe auxilios, vence la tentación, y se salva.

S. Felipe Neri, pasando un día por las calles, exclamaba: *Yo desespero;* le reprendió al oírlo un religioso, y el santo le contestó: *Padre, de mí es de quien desespero, más tengo confianza en Dios.* Así debemos decir: si queremos salvarnos desesperemos siempre de nuestras fuerzas, como S. Felipe, el cual al dispertarse por la mañana, decía a Dios: "Señor, sostenedme en este día, sin lo cual, yo os haré traición".

Digamos pues con S. Agustín, que toda la ciencia del cristiano consiste en reconocer que nada es, y que nada puede (*In. Ps. 70*). Este conocimiento le conducirá a pedir a Dios la fuerza necesaria para vencer las tentaciones, y para obrar el bien, y entonces lo hará todo con el socorro del Señor, que nada sabe negar a quien con humildad le ruega (*Eccli. 35. 21*).

La oración de un alma humilde se eleva hacia el cielo, penetra hasta el trono del Omnipotente, y no le deja hasta haber sido atendida. Por más cubierto que esté de iniquidades un corazón que se humilla, no le desecha el Señor (*Ps. 50. 19; Jacob. 4. 6*).

Tanto como es severo e inflexible el Señor con respecto al orgulloso, es dulce y liberal con el humilde. Esto es lo que declaró un día a Sta. Catalina de Sena, diciéndole: "Sepas, hija mía, que quien persevera humildemente en pedirme gracias, adquiere todas las virtudes".

Los dones sobrenaturales no son necesarios para llegar a la santidad, pues que sin ellos gran número de almas se han santificado, y muchas se han condenado después de haberlos conseguido. Es una presunción el desear y pedir estos dones sobrenaturales, pues el verdadero y único medio de santificarse es ejercitarse en la práctica de las virtudes y en el amor de Dios; y esto se consigue rogando, y correspondiendo a las luces y a los socorros de Dios, que nada más desea sino vernos santos (*Thess. 4. 3*).

Pidamos a Dios que nos libre del apego a las cosas temporales, pues en ellas no se encuentra sino cuidados y aflicción (*Eccles. 1. 14*). El corazón humano no encuentra la paz sino entregándose a Dios sin reserva, y a esto no se llega sino por medio de la oración.

No busquemos ni apetezcamos más que la voluntad de Dios, pues en la unión de nuestra voluntad con la suya consiste toda la santidad y la perfección del amor.

Pidamos el valor necesario para hacernos violencia, resistir a nuestros enemigos y sufrir voluntariamente toda especie de padecimientos.

Pidamos a Dios que hiera de tal modo nuestro corazón con la flecha de su santo amor, que pensemos siempre en su bondad, le amemos incesantemente, y que todos nuestros afectos y nuestras obras tiendan a complacerle. Más todas estas gracias no se consiguen sino por medio de la oración, y cuando esta es humilde, confiada y persevante, se alcanza todo.

II
DE LA CONFIANZA CON QUE DEBEMOS ROGAR

Uno de los principales avisos que nos da el apóstol S. Jaime, hablando de la oración, es el hacerla con confianza y con seguridad de ser oídos (*Jacob. 1.6*).

Dice Sto. Tomás, que la oración recibe su mérito de la caridad, y su eficacia de la fe y de la confianza. (*2. 3. q. 83. a. 2*). La confianza, según S. Bernardo, es el único medio de obtener las divinas misericordias (*Serm. 3. de Anun.*).

Esta virtud es sumamente grata a Dios, porque honra su infinita bondad, que se propuso manifestar al mundo por la creación. Alégrense cuantos en vos esperan, ¡oh Dios mío! exclamaba el Real Profeta; ellos serán eternamente dichosos, y vos habitareis en ellos (*Ps. 5. 12*).

Dios protege y salva todos cuantos tienen confianza en Él (*Ps. 17. 31; 16. 7*). Llena está la Escritura de promesas hechas a los que esperan en el Señor.

El que espera no caerá en pecado (*Ps. 33. 23*), porque el Señor tiene fijos los ojos en cuantos confían en su bondad para que les libre de la muerte de la culpa (*Ps. 32.18.19*) Dios mismo lo declara: Porque ha tenido confianza en mí, yo le protegeré, yo le libraré de sus enemigos y del pecado, y yo le daré en fin la gloria eterna (*Ps. 90. 14*).

En Isaías se lee: *(Is. 40. 31)* los que esperan en el Señor cesarán de ser débiles, adquirirán en Dios una grande fuerza, marcharán fácilmente por la senda de salud, volando en ella cómo águilas.

En una palabra, toda nuestra fuerza consiste en poner toda nuestra confianza en Dios, y a reposar en los brazos de su misericordia, sin fiarnos de nuestra industria ni de nuestras fuerzas *(Is. 30. 15)*.

¿Quién ha visto jamás que alguno haya esperado en Dios y se haya perdido? (*Eccli. 2. 11*). Esta confianza en Dios hacía que David estuviese seguro de su salud (*Ps. 30. 1*). ¿Y qué! dice S. Agustín, ¿pudiera Dios acaso engañarnos? ¿Nos hubiera prometido sostenernos en el apuro si sobre él nos apoyamos, y pudiera retirarse cuàndo le invocamos? ¡Feliz el que pone su confianza en Dios! (*Ps. 83. 13*). ¿Y por qué? porque estará siempre rodeado de la divina misericordia, y no podrá perderse.

El Apóstol nos recomienda firmemente la confianza en Dios, porque Dios la recompensa prodigiosamente (*Hebr. 10. 35*). Nuestra confianza será la medida de las gracias que recibiremos de Dios: si es grande la confianza, las gracias también lo serán.

Observa S. Bernardo que la divina misericordia es un río inmenso; el que va a saciarse en Él con mayor vaso de confianza, este se llevará mayor abundancia de bienes (Serm. *de Anunt.*).

Ya lo había manifestado el Profeta: derramad, Señor, vuestra misericordia sobre nosotros a proporción de nuestra esperanza en vos (*Ps. 32. 22*). El Señor hizo sentir esta verdad al Centurión, cuya confianza aplaudió diciendo: Idos, y que os sea concedido según vuestra fe (*Math. 8. 13*).

Él mismo reveló también a Sta. Gertrudis que el que con confianza ruega, le hace en cierto modo tanta violencia, que se ve forzado a atenderle en todo cuanto le pide. S. Juan Clímaco asegura que la súplica hace violencia a Dios, pero una violencia que le es cara y agradable.

Sigamos pues el consejo del Apóstol, con confianza al seno de la gracia (*Heb. 4. 16*). El trono de la gracia es Jesucristo, que reina ahora sentado a la diestra del Padre, en un trono no de justicia sino de gracia, para obtenernos el perdón de nuestras faltas y la perseverancia en el bien. A este trono nos es necesario recurrir con la confianza que la fe nos inspira en la bondad y la fidelidad de Dios, que tiene prometido escuchar a quien le ruegue con entera y segura confianza, cuando el que ruega con perplejidad no debe, dice S. Jaime, esperar recibir nada (*Jacob. 5. 6*).

Nada recibirá, porque la injusta desconfianza que le inquieta impedirá que sea escuchado por la divina misericordia. No habéis pedido bien, dice S. Basilio, porque habéis pedido titubeando (*Const. Mon. 38. c. 2*). El Rey Profeta quiere que nuestra con lianza en Dios sea firme como una montaña que no puede ser conmovida por el viento (*Ps. 124. 1*). El mismo Redentor nos lo advierte en términos formales: "Cualquier gracia que pidieres cree que serás oído, y la conseguirás". (*Marc. 11. 24*).

Más, dirá tal vez alguno, yo que soy tan miserable, ¿sobre qué puedo fundar estar confianza de obtener ciertamente lo que solicito? ¿Sobre qué? Sobre esta promesa de Jesucristo: p*edid y recibiréis* (*Joan. 16. 24*). ¿Podemos temer no ser oídos, cuando Dios, que es la misma verdad, promete conceder todo lo que se le pide? ¿Nos exhortaría el Señor a pedirle gracias, si no quisiera dispensárnoslas? (*S. Aug. de Verb. Dei. Ser.*) ¿No nos repite con mucha frecuencia en las Santas Escrituras: Orad, pedid, buscad, y alcanzareis lo que deseáis? (*Joan. 15. 7*).

Para movernos a pedirle con confianza, el Salvador, en la oración que nos enseñó Él mismo, quiere que le llamemos con el nombre de *Padre*. Esta oración encierra todas las gracias necesarias a la salud; quiere pues, que le pidamos las gracias con la misma confianza que un hijo pobre o enfermo pide socorro a su Padre, que no faltará en dárselas.

Así, pues, apoyados en las divinas promesas, roguemos siempre con una confianza firme e inalterable, como dice el Apóstol (*Hebr. 10. 23*). Dios es fiel en sus promesas; preciso es por consiguiente que tengamos una absoluta confianza que escuchará nuestras súplicas.

Si alguna vez nos sucede el sentir árido o agitado nuestro corazón en la plegaria a causa de algún pecado cometido, no cesemos por esto de orar; Dios no faltará en escucharnos, y aun nos escuchará más entonces que en otra ocasión cualquiera, porque desconfiando entonces más de nosotros mismos, pondremos toda nuestra confianza en la bondad y en la fidelidad de Dios.

No pudiéramos creer cuanto se place Dios de vernos en nuestras turbaciones, en nuestros temores, en nuestras tentaciones esperar en Él contra toda esperanza, es decir, contra el sentimiento de desconfianza que nuestra actual situación nos inspira. Este es el elogio que da el Apóstol a Abraham (*Rom. 4. 18*).

Dice S. Juan, que el que está lleno de confianza en Dios se salva infaliblemente, porque Dios colma de gracias a todos aquellos que en Él esperan (*1. Joan. 3. 3*). Esta confianza ha hecho que tantos mártires de todo sexo y edad despreciasen los tiranos, los tormentos y la muerte. Aunque algunas veces nos parezca que Dios se muestra sordo a nuestras plegarias, no dejemos por esto de perseverar.

Digamos entonces con Job: Señor y Dios mío, aun cuando me arrojaseis de vuestra presencia (*Job. 43. 15*), no cesaría por esto de suplicaros y de esperar en vuestra misericordia: por este medio alcanzaremos de Dios cuanto queramos. Imitemos la Cananea esta mujer rogó al Señor librase su hija de un demonio que la atormentaba (*Math. 15. 22*).

El Señor le respondió que no era enviado para los gentiles sino para los judíos. No se desalentó ella por esto, antes bien continuando en pedirle con confianza, Señor, le dijo, vos podéis curar a mi hija, hacedlo. Jesucristo replicó: no conviene echar a los perros el pan de los niños.

Pero Señor, insistió ella, no se niega a los perros las migajas que caen de la mesa. Viendo entonces el Salvador la grande confianza de esta mujer, la elogió en alta voz, y le dispensó la gracia que le pedía, diciéndole: ¡Oh mujer, grande es tu fe, hágase como tú quieres! ¿Quién ha llamado nunca a Dios en su socorro, dice el Eclesiástico, sin haber sido por Él socorrido? (*Eccli. 2. 12*).

S. Agustín llama a la oración una llave que nos abre el cielo, y al instante hace llover sobre nosotros la misericordia de Dios (*Serm. 316*). El Rey Profeta nos sale garante de que nuestras súplicas van siempre unidas a la misericordia de Dios (*Ps. 65. 20*). Y por esto asegura S. Agustín, que cuando rogamos debemos estar seguros de ser oídos (*In. Ps. 65*).

Y en cuanto a mí, si he de decir verdad, jamás siento más consuelo y seguridad de mi salud, que cuando ruego a Dios, y me recomiendo a Él: y pienso que lo mismo sucederá con los demás fieles. Todos los otros señales de salud son inciertos; más el que Dios oye a cualquiera que le ruega con confianza, es una verdad tan infalible, como lo es que Dios no puede faltar a sus promesas.

Cuando no nos sentimos con fuerza bastante para vencer una pasión o para superar alguna gran dificultad, que nos priva de cumplir con nuestro deber, digamos valerosamente como el Apóstol: *Todo lo puedo en aquel que me fortifica* (*Philip. 4. 15*).

No digamos como algunos: "No puedo, me falta valor para tanto". No hay duda que con nuestras fuerzas solas nada podríamos; pero con la gracia de Dios lo podemos todo. Si Dios dijera a alguno: "toma esta montaña, cárgala sobre tus espaldas y llévala, yo te ayudaré". ¿No sería una infidelidad el responder: "no puedo tomarla porque no tengo la fuerza necesaria para llevarla?"

Así, cuando vemos nuestras miserias y nuestras dolencias, cuando más combatidos nos hallamos de las tentaciones, tengamos valor, levantemos nuestros ojos al cielo, y repitamos como David: (*Ps. 117. 6*).

Con el socorro de mi Dios, saldré vencedor de todos los ataques del enemigo. Cuando nos hallamos en peligro de ofender a Dios, cuando nos embaraza un negocio de importancia, exclamemos con el mismo Profeta: El Señor es mi luz y mi salud, ¿qué podré temer? (*Ps. 26. 1*). Estemos seguros que Dios nos iluminará, y nos preservará de toda desgracia.

Más yo soy pecador, dirá alguno, y leo en la Escritura que Dios no escucha a los pecadores. Sto.

Tomás responde con S. Agustín, que estas palabras fueron pronunciadas por el ciego que no había sido aun perfectamente iluminado (*2. 2. q. 83. a. 16. ad 1*).

Por lo demás, añade el santo, pueden ellas ser aplicadas al pecador que ruega como pecador, es decir, que pide a Dios unas gracias dirigidas a favorecerle en sus desórdenes, como cuando pide el quedar vengado de su enemigo, o llegar al término de sus perversos designios.

También son aplicables al pecador que ruega a Dios que le salve, pero sin tener deseo alguno de salir del estado de la culpa. Desventurados hay que aman las cadenas con que les tiene amarrados el demonio; sus súplicas no son oídas por Dios, porque son temerarias y abominables. ¿Qué mayor temeridad que querer pedir gracias a un príncipe a quien muchas veces ofendido, y con disposición continua de ofenderle?

Por la misma razón llama el Espíritu Santo odiosa y detestable la oración del que no quiere escuchar lo que manda Dios (*Prov. 28. 9*), y declara que este tal será oído (*Is. 1. 15*).

Tal fue el impío Antíoco, el cual, a pesar de las más bellas promesas que hacía para evitar el castigo que le aguardaba, no fue oído por Dios, murió desdichadamente, devorado, ya en vida, por los gusanos (*Mach. 9. 13*).

Más si el pecador peca por fragilidad o en un momento de arrebato, si gime en sus miserias, y desea salir de ellas; si ruega a Dios le rompa los grillos que le tienen atado a la culpa; si persevera en la oración es indudable que Dios le prestará oídos, pues ha dicho: *Cualquiera* (justo o pecador) *que pide recibe* (*Matth. 7. 8*).

Jesucristo pone de ejemplo a un hombre que dio panes a su amigo, no tanto por amistad, como a causa de haberle importunado (*Luc. 11. 8*); y añade: *Pedid y recibiréis.*

De tal forma, que la oración, si es constante, inclina al Señor en favor hasta de aquellos que no están en amistad. Lo que no puede lograrse por medio de la amistad, dice S. Crisóstomo, se consigue por la oración. (*Hom. 56*).

Y aun se adelanta a decir que la oración tiene más fuerza con Dios que la amistad misma. S. Basilio no pone en duda que los pecadores no obtengan lo que piden si perseveran en la oración (*Cons. Mon. c. 1.*).

Lo mismo enseñan S. Gregorio (*In Ps. 6. Poenit.*) y S. Gerónimo, el cual juzga que el pecador puede también llamar a Dios su Padre, cuando le suplica que le admita de nuevo por hijo suyo, al ejemplo del hijo pródigo, que se servía de este dulce nombre de padre: *Padre mío, yo he pecado,* antes aún de haber conseguido el perdón (*Ep. ad Dam.*).

Si Dios no diese oídos a los pecadores, dice S. Agustín (*Tr. 24. in Joan.*), ¿de qué hubiera servido al Publicano el pedir su gracia? No obstante, nos muestra el Evangelio que la obtuvo rogando. Sto. Tomás no duda en asegurar que hasta el pecador es oído cuando ruega (*2. 2. q. 83. c. 16. ad 2*); aunque su oración no sea meritoria, tiene sin embargo la fuerza de obtener, porque su eficacia no se funda en la justicia sino en la bondad divina. La misma doctrina publica Daniel (*Dan. 9. 18*).

Cuando rogamos, pues, añade Sto. Tomás, no es necesario ser amigos de Dios para obtener las gracias que pedimos; la oración misma nos hace amigos suyos. De ello da S. Bernardo una razón plausible, y es, que la oración hecha por el pecador, para salir del pecado, nace del deseo de volver a entrar en la gracia de Dios; y este deseo es un don que no viene por cierto sino de Dios mismo.

¿A qué fin, pues, continua el santo, le daría Dios este buen deseo, si no quisiera atenderlo? Llena está la Escritura de ejemplos de pecadores que han conseguido por medio de la oración quedar libres del estado de la culpa.

Tales fueron los reyes Achab (*3. Reg. 21*), Manasés (*2. Par. 33*) y Nabucodonosor (*Dan. 4*), así como el buen ladrón (*Luc. 23. 43*). ¡Qué grande es la fuerza de la oración! Dos pecadores mueren en el Calvario al lado de Jesucristo: el uno ruega y se salva; el otro no ruega y se pierde.

En una palabra, dice S. Crisóstomo, ningún pecador contrito ha rogado al Señor, sin haber obtenido lo que deseaba (*Hom. de Moys.*).

Más, ¿para qué recurrir a la autoridad ni al raciocinio, cuando lo dice el mismo Jesucristo? *Venid a mí todos los que estáis agobiados, y yo os aliviaré* (*Matth. 11. 28*). Esta palabra *agobiados* se entiende, según los santos Padres, de los pecadores que gimen bajo el peso de sus faltas, los cuales si a Dios recorren, obtendrán según éste les promete su conversión y su salud.

Sí, dice S. Crisóstomo, no hay que dudarlo: Dios desea nuestra conversión más que nosotros mismos. No hay gracia, añade el santo, que no obtenga, una oración ferviente y perseverante, aun cuando fuese hecha por el más criminal de los pecadores (*Hom. 33. in Matth.*).

Declara S. Jaime que todos cuantos recorren a Dios por medio de la oración, son oídos y colmados de bienes; añadiendo, que Dios no usa de reproches (*Jacob. 1. 5*); no hace como los hombres, que empiezan por quejarse del ultraje que se les ha hecho, antes de prestar el servicio que se les pide.

El Señor, empero, sin recordar al más ingrato de los pecadores sus infidelidades pasadas, desde que éste solicita cosas útiles a su salud, como si nunca le hubiese ofendido, le acoge luego benignamente le consuela, le escucha, y le enriquece de sus dones con abundancia.

El Salvador por medio de sus promesas nos anima para que recurramos a Él, repitiéndonos con frecuencia: valor, pecadores, aliento; no os impidan vuestros pecados de recurrir a mi Padre, ni de esperar de él vuestra salud si de veras la deseáis.

Lejos de merecer gracias, verdad es que solo sois dignos de castigos; más dirigíos a mi Padre, pedidle en mi nombre y por mis méritos cuanto quisiereis; y os prometo y os juro que todo lo que pediréis os será concedido (*Joan. 16. 25*).

¡Qué mayor consuelo puede tener un pecador después de todas sus caídas, como estar seguro de que todo cuanto pedirá a Dios en nombre de Jesucristo le será concedido!

Sí, todo le será concedido, esto es, por lo tocante a su salud; porque en cuanto a los bienes temporales, hemos visto más arriba que el Señor los niega algunas veces, como dañosos al alma.

Más para los bienes espirituales su promesa no es condicional, sino absoluta, y por esto nos exhorta S. Agustín a pedirlos con seguridad de obtenerlos. ¿Y cómo pudiera Dios, continua el santo, negarnos cosa alguna, si se la pedimos con confianza, cuando mayor es el deseo que Él tiene de concedernos sus gracias, que el nuestro de recibirlas?

Dice S. Crisóstomo que nunca está el Señor tan indignado contra nosotros, como cuando descuidamos el pedirle sus gracias.

¿Y cómo pudiera Dios dejar de oír un alma que le pide lo más grato a su divina Voluntad, y que le dice: Señor, yo no os pido riquezas, ni placeres, ni honores; no deseo sino vuestra gracia; libradme del pecado, dadme vuestro santo amor, gracia, dice S. Francisco de Sales, que se debe pedir a Dios sobre todas las demás, una entera resignación a vuestra voluntad, una buena muerte, y en fin el paraíso?

¿Cómo, repito, pudiera Dios no escucharla? ¿Qué súplicas escucharíais vos, oh Dios mío, dice S. Agustín, si no escucharais estas tan conformes con vuestro corazón divino?

Más lo que sobre todo ha de reanimar nuestra confianza, cuando pedimos a Dios gracias espirituales, es la palabra de Jesucristo: pues si vosotros, por más apegados que estéis a vuestros intereses, no negáis a vuestros hijos lo que os piden, ¿con cuanto más poderoso motivo vuestro Padre celestial, que os ama más que un padre de la tierra, os concederá los bienes espirituales cuando se los pidiereis? (*Luc. 11. 13*).

III
DE LA PERSEVERANCIA CON QUE SE DEBE PEDIR

Nuestras súplicas, pues, han de ir acompañadas de humildad y de confianza; más esto no basta para obtener la perseverancia final y la salud.

Podrán muy bien algunas oraciones hacernos conseguir gracias particulares; pero si no perseveramos en aquellas, no nos conducirán a la perseverancia final, que es el producto de un gran conjunto de gracias, y por consiguiente se obtiene por súplicas multiplicadas y continuadas hasta la muerte.

La gracia de la salud no es una gracia única, sino un encadenamiento de gracias que se reúnen para formar la gracia de la perseverancia final. A esta cadena de gracias debe corresponder otra cadena de oraciones.

Si interrumpimos la cadena de nuestras oraciones, rompemos también la de las gracias, que deben alcanzarnos, la salud, y entonces no nos salvamos.

Verdades, como enseña el santo concilio de Trento, que la perseverancia final no es una gracia que podamos merecer por nosotros mismos (*Sess. 6. e. 13*); S. Agustín dice, no obstante, que se puede en cierto modo merecer por la oración, es decir, obtenerla orando (*De Dono persev. c. 6*).

Y el P. Suárez añade, que el que ruega la consigue infaliblemente. Más para alcanzarla y salvarse, dice Sto. Tomás, se necesita una oración continua (*3. p. q. 39. a. 4*). Lo mismo nos enseña el Salvador por su propia boca: preciso es orar siempre y no cesar jamás. Vigilad en todo tiempo (*Luc. 18. 1; 21. 36*).

Y en el antiguo Testamento: en todo tiempo bendecid a Dios y suplicadle que os dirija (*Eccli. 18. 22. Tob. 4. 20*). Así el Apóstol recomendaba a sus discípulos rogar incesantemente (*Thess. 5. 17; Col. 4. 2; 1. Tim. 2. 8*).

El Señor quiere concedernos la perseverancia y la vida eterna; pero no quiere darlas, dice S. Nilo, sino al que persevere en pedírselas (*De Orat. c. 32*). Muchos pecadores con el socorro de la gracia se convierten a Dios y consiguen el perdón de sus faltas: más porque se olvidan de pedir la perseverancia, vuelven a caer, y lo pierden todo.

No basta, según Belarmino, pedir la gracia y la perseverancia una vez, o un corto número de veces; no debemos cesar de pedirla todos los días de nuestra vida hasta la muerte, si queremos obtenerla cada día.

El que un día la pide la conseguirá aquel día, pero si no la pide el día siguiente, en el día siguiente caerá. El Señor nos lo da a entender en la parábola de aquel que no da a su amigo los panes que le pide sino después de muchas súplicas reiteradas.

Y si este amigo, dice S. Agustín, únicamente para librarse de las importunidades, da contra su voluntad los panes que se le piden, ¡con cuanta mayor razón, Dios, la bondad infinita, que con tanto ardor desea comunicar sus bienes, nos dará gracias cuando las pediremos! (*Luc. 11. 8*).

Y es tanto más cierto que Dios nos convida Él mismo a pedir, y que le disgusta no le pidamos. El Señor quiere, pues, concedernos la salud y todas las gracias necesarias para llegar a ella; pero quiere que se las pidamos sin cesar hasta parecer importunarle.

Los hombres, añade Cornelio a Lápide no pueden sufrir los importunos, pero Dios quiere que lo seamos, a fuerza de solicitar las gracias, y sobre todo la. de la perseverancia. Asegura S. Gregorio que Dios quiere que se le haga violencia con la oración; y que esta violencia lejos de irritarle le aplaca (*Hom. 1. in Evang.*).

Así pues, para obtener la perseverancia hemos de encomendarnos a Dios por la mañana, por la tarde, durante la meditación, en la misa, por fin, en todos nuestros ejercicios de piedad, y siempre, pero en especial cuando somos tentados, repitiendo entonces: Señor, tened piedad de mí, no me abandonéis, venid a mi socorro, salvadme. ¿Qué cosa más fácil? El rogar es para todos: no podemos a veces ayunar, hacer limosna; pero nada más fácil que el rogar (*Ps. 41. 10*).

No cesemos, pues, jamás de rogar, forcemos, por decirlo así, al Señor a que nos socorra: grata le es esta violencia y asegura S. Gerónimo, que cuanto más perseverante e importuna es mejor acogida por Dios (*In Luc.* 11).

Feliz, dice el Señor, el que me escucha, y que vela sin cesar rogando a las puertas de mi divina misericordia (*Prov.* 8. 54).

Bienaventurados los que esperan su salud del Señor (*Is. 30. 18*). Por esto nos exhorta Jesucristo a orar; ¿pero, cómo? *Pedid, buscad, llamad a la puerta* (*Luc. 11. 9*). Parece que bastaba decir: p*edid*, sin añadir. *Buscad, llamad a la puerta.*

Más no, el Señor añadió estas palabras para darnos a conocer que en nuestras súplicas hemos de imitar a los pobres mendigos. Estos no se cansan por las negativas, sino que hacen siempre nuevas instancias; sino sale el amo de la casa, llaman a la puerta e importunan hasta que obtienen.

Así pues, quiere Dios que a ejemplo suyo no dejemos de rogar y de pedirle la luz y fuerza necesaria para obrar el bien y salvarnos.

El sabio Lessio pretende que no puede excusarse de pecado grave el que no ruega cuando se halla en estado de culpa o en peligro de muerte; ni el que durante un tiempo considerable, como uno o dos meses, descuida el pedir: más esto se entiende fuera del tiempo de la tentación; pues una persona que se halla fuertemente tentada, peca mortalmente si no pide entonces a Dios la fuerza de resistir; pues que sin esta petición nos exponemos al peligro próximo y aun seguro de caer.

Más, dirá alguno, ya que el Señor puede y quiere darme la santa perseverancia, ¿por qué no me la concede de una vez cuando yo se la pido? Los santos Padres dan de ello varias razones. Dios no la concede toda de golpe, y la difiere: 1º Para probar mejor nuestra confianza; 2º Para hacérnosla desear con más ardor.

Las grandes gracias, dice S. Agustín, no se obtienen sino por un grande deseo: poco se aprecia lo que ha sido fruto de algunos momentos de espera; así como se hace grande caso de lo que se logra después de haberlo deseado por largo tiempo (*Serm. 61. de Verb.*).

3° Para que nos acordemos de Él. Si estuviéramos seguros de nuestra perseverancia y de nuestra salud, y no tuviéramos de continuo necesidad del socorro divino para salvarnos, fácil nos fuera olvidar a Dios, la necesidad obliga a los pobres a frecuentar las casas de los ricos.

Así el Señor, para atraernos a Él, dice S. Crisóstomo, para vernos a menudo a sus pies, y colmarnos allí de bienes, difiere hasta nuestra muerte el darnos la gracia completa de salud (*Hom. 30. in Gen.; in Ps. 4; Hom. 24. in Matth. 7*).

4° Dios obra por fin así, para que continuando en orar, redoblemos nuestro amor para con él. ¿Qué más propio en verdad para abrasarnos en amor de Dios, que la súplica continua, y la confianza con que esperamos las gracias que apetecemos?

Más ¿hasta cuándo se debe pedir? Siempre. No se ha de cesar en pedir, según S. Crisóstomo, sino cuando se ha recibido la sentencia favorable de la salud eterna, es decir, en la muerte. Añade que se salva infaliblemente quien está decidido a rogar hasta que sea salvo. Muchos atletas corren para reportar el premio, más uno solo lo recibe, y este es el que lo alcanza (*1. Cor. 9. 24*).

No basta pues rogar para salvarse; preciso es también rogar hasta que se recibe la corona que promete Dios a aquellos que perseveran en la oración hasta el fin.

Si queremos salvarnos, hemos de imitar a David, que tenía siempre fijos en Dios sus ojos para implorar su socorro y vencer a sus enemigos (*Ps. 24. 15*).

Así como el demonio nos tiende de continuo lazos para perdernos, de continuo debemos tener las armas en la mano para defendernos (*1. Petr. 5. 8*), y decir con el Rey Profeta: no cesaré de combatir hasta tanto que haya aterrado a mis enemigos (*Ps. 17. 38*).

¿Más cómo obtener esta victoria tan importante y tan difícil? Por la oración, responde S. Agustín, por una oración constante, que dure tanto como el combate. Como el combate es continuo, dice S. Buenaventura (*Serm. 27. de Conf.*), debe serlo también la oración.

¡Ay del que sobre la tierra cesa de rogar! (*Eccli. 2. 16*). Asegúrenos el Apóstol, que nos salvaremos si somos constantes en rogar con confianza hasta la muerte (*Hebr. 3. 6*).

Fundados en la misericordia y en las promesas de Dios, preguntemos con el mismo Apóstol: ¿quién nos separará del amor de Jesucristo? ¿Será la tribulación? ¿El peligro de perder los bienes de la tierra? ¿Las persecuciones de los demonios o de los hombres? ¿Los tormentos de los tiranos? (*Rom. 8. 35*).

No, ni la tribulación, ni las penas, ni los peligros, ni la persecución, ni los tormentos serán capaces de separarnos del amor de Jesucristo; porque con el socorro de Dios, y combatiendo por el amor de aquel que dio su vida por nosotros, lo venceremos todo.

El padre Hipólito Durazzo, estando para abdicar la dignidad de prelado de Roma, para consagrarse a Dios en la vida religiosa, temiendo ser infiel a su vocación, decía a Dios: "Ahora, Señor, que me he consagrado todo enteramente a vos, no me abandonéis".

Más oyó interiormente la voz de Dios que le respondía: "Antes soy yo el que debo advertirte que no me abandones". Y por esto, lleno de confianza en la divina bondad, este fiel servidor de Dios acabó diciendo: "Pues bien, Dios mío, no me abandonéis y yo os seré fiel".

¿Queremos que no nos abandone el Señor? No cesemos de pedirle que no nos abandone. Entonces sin duda nos ayudará siempre, y no permitirá que le perdamos, separándonos de su amor.

Pidámosle siempre no solo la perseverancia final y las gracias necesarias para obtenerla, sino también la gracia de continuar en la oración: este es el don especial que promete a sus elegidos por boca del Profeta (*Zach. 12. 10*).

¡Cuán grande pues es el don de la oración! es decir, la gracia que concede Dios a un alma de rogar siempre. Pidámosle continuamente a Dios, porque si sin cesar rogamos, conseguiremos infaliblemente la perseverancia, y todas las gracias necesarias a la salvación; porque el Señor no puede faltar a su promesa de dar oídos al que le ruega (*Rom. 8. 24*).

Esta esperanza de rogar continuamente es la que nos asegura nuestra salud, y que nos introducirá de cierto en la mansión de los bienaventurados.

Ya pues, que la oración es necesaria para la salud, debemos tener por cierto que cada cual tiene el socorro de Dios para rogar actualmente, sin tener necesidad por esto de otra gracia especial; y puede por medio de la oración obtener todas las gracias necesarias a la entera y constante observancia de la ley; por manera que el que se pierde no puede jamás decir no haber tenido los socorros necesarios para salvarse.

En efecto, así como en el orden natural quiso el Señor que el hombre viniese al mundo enteramente desnudo y falto de todo, pero le dio manos o inteligencia para adquirir todo aquello que necesita; así también en el orden sobrenatural, el hombre nace en la impotencia de obtener por sus propias fuerzas la salud eterna. Más Dios por un efecto de su bondad da a cada uno la gracia de la oración, con la cual se pueden obtener todas las gracias necesarias para la salud eterna.

Dios quiere salvamos a todos, y para esto murió Jesucristo. Dios de su parte concede a todos las gracias necesarias para salvarse, y todos aquellos que correspondan a sus gracias se salvan.

Todos nosotros estamos obligados a esperar firmemente que Dios nos concederá la vida eterna; y si no estuviéramos seguros que Dios nos diese a todos la gracia de poder rogar actualmente, sin tener necesidad de otra gracia particular y no común a todos, nadie, sin una revelación especial pudiera, como se debe, esperar el salvarse.

La virtud de la esperanza es tan agradable a Dios, que este halla sus complacencias en los que ponen en Él su confianza: Él es quien promete al que espera, y porque espera, la victoria sobre sus enemigos, la perseverancia en la gracia y la vida eterna (*Ps. 116. 11; 90. 14; 36. 40; 15. 1; Eccli. 2. 11*).

El cielo y la tierra pasarán, pero las palabras y las promesas de Dios no pasarán (*Matth. 24. 35*). Por esto asegura S. Bernardo, que todo nuestro mérito consiste en poner en Dios toda nuestra confianza, (*Serm. 15. in Ps. 90*) porque el que espera en Dios, le da mucho honor (*Ps. 49. 15*).

Sí, honra realmente el poder, la misericordia y fidelidad de Dios, creyendo que Dios puede y quiere salvarle, y no puede faltará sus promesas de salvar a aquel que en el confía. Dice el Profeta que Dios derramará sobre nosotros sus misericordias con más abundancia, a proporción que será mayor nuestra esperanza (*Ps. 52. 22*).

Y como esta virtud de la esperanza place tanto a Dios, ha querido convertírnosla en precepto, y en una obligación absoluta, como dicen los teólogos, fundados en una multitud de lugares de la Escritura (*Ps. 61. 9; Os. 42. 6; Pet. 1. 21*).

Esta esperanza de salud debe ser en nosotros firme y cierta, dice Sto. Tomás (*2. 2. q. 18. a. 1*). Así lo ha declarado también expresamente el concilio de Trento.

Y S. Pablo lo ha explicado hablando de sí mismo (*2. Tim. 1. 12*). He aquí en que difiere la esperanza cristiana de la esperanza humana: esta no es más que una confianza incierta, que no puede jamás elevarse a un grado de certitud, porque puede dudarse siempre si el que ha prometido, ha cambiado o cambiará de voluntad.

Más la esperanza cristiana de la salud eterna es cierta en lo que mira a Dios, pues que quiere y puede salvarnos, ha prometido la salud al que observe su ley, y promete asimismo al que las pide, las gracias necesarias para someterse a esta ley.

Verdad es que esta esperanza no es sin temor, dice Sto. Tomás; pero este temor no nace de parte de Dios, sino de la nuestra, porque nosotros podemos pecar a cada instante, no correspondiendo a la gracia, o poniendo obstáculos a ella con nuestras faltas.

Razón por la cual el concilio de Trento condenó a los novadores (*Sess. 6. cap. 13. Can. 15. 16*) que, despojando enteramente al hombre de libre arbitrio, quieren que todo fiel tenga una certitud infalible de su perseverancia y de su salud, cuando para obtener la salud es preciso corresponder también a la gracia, y nada más incierto que esta cooperación de nuestra parte.

Así pues, quiere el Señor que no confiemos de nosotros mismos, para que la confianza en nuestras propias fuerzas no nos haga caer en la presunción; pero quiere al mismo tiempo que estemos seguros de que su voluntad es de salvarnos, y concedernos a este fin sus auxilios si se los pedimos, para que así tengamos una confianza firme y cierta en su bondad.

Sto. Tomás dice que debemos esperar de Dios nuestra salud con seguridad, fiándonos en su poder y misericordia, y creyendo que Dios puede y quiere salvarnos.

Ya pues, que la esperanza de nuestra salud debe ser cierta, por lo que mira a Dios, el motivo de esta esperanza debe ser también cierto: otramente, si no fuese cierto el fundamento de nuestra esperanza, si fuese dudoso, no pudiéramos esperar y aguardar con certeza de Dios la salud, ni los medios indispensables para conseguirla.

Así quiere S. Pablo, que para salvarnos, nos mantengamos firmes e inmóviles en la esperanza: (*Col. 1. 23*) y lo confirma con la razón de que nuestra esperanza debe ser inmutable como una áncora sólida, porque está fundada en las promesas de Dios (*Hebr. 6. 11. 18*).

Enseña S. Bernardo que nuestra esperanza no puede ser incierta, pues está cimentada en las promesas del Señor (*Serm. 7. in Ps. 90*).

Mi esperanza, añade, se funda en estas tres cosas: sobre el amor que Dios me ha manifestado adoptándome por hijo suyo, sobre la verdad de sus promesas, y sobre su poder para cumplirlas (*Serm. 3. D. 6. p. Pent.*).

En consecuencia, quiere el apóstol S. Jaime que pidamos a Dios el auxilio necesario, sin vacilar, y con perfecta confianza de obtenerle; si titubeamos, añade, no le obtendremos (*Jacob. 1.6. 7*).

S. Pablo elogia a Abraham porque no vaciló en creer a las promesas de Dios, bien seguro de que cuando promete no puede engañar (*Rom. 4. 20. 21*).

El mismo Salvador nos asegura, que pidiendo con firme esperanza de recibir, lograremos de Él todo cuanto deseamos (*Marc. 11. 24*). En una palabra, Dios no quiere oírnos, si no creemos con certeza que seremos oídos.

Así pues, la esperanza de salud y de los medios necesarios a ella debe ser cierta por lo que respeta a Dios. Los motivos de esta certitud son el poder, la misericordia y la fidelidad de Dios; pero el más fuerte y el más cierto de todos estos motivos es la infalibilidad de Dios en la promesa que nos tiene hecha por los méritos de Jesucristo de salvamos, y de concedernos las gracias necesarias a la salvación; pues aunque Dios sea infinitamente poderoso y clemente, no pudiéramos sin embargo esperar firme e indudablemente la salud, si no nos lo hubiera prometido de un modo infalible.

Más Él lo ha prometido con tal que nosotros correspondiéramos a esta promesa con las buenas obras, y que rogásemos de continuo, como se ve en los textos de la Escritura que hemos citado. Y por esto los santos Padres y los teólogos convienen en decir, que la oración es un medio necesario a la salud.

Y si no estuviéramos seguros que Dios da a todos la gracia de pedir actualmente, sin tener necesidad de otra gracia especial, no común a todo el mundo, no podríamos tener un fundamento cierto y firme en Dios para esperar nuestra salud, sino tan solo un motivo incierto y condicional.

Cuando estoy seguro que rogando alcanzaré la vida eterna y todas las gracias necesarias a este fin, y que Dios no me negará la gracia que concede a todos de rogar actualmente, si yo quiero; entonces tengo un motivo cierto de esperar de Dios mi salud, con tal que no se pierda por falta mía.

Más cuando estoy dudando, si Dios me dará o no la gracia particular que no da a todos, y que supongo necesaria para rogar actualmente, entonces no tengo este motivo cierto de esperar de Dios mi salud, sí solo un motivo dudoso e incierto, no estando seguro de que Dios me dé aquella gracia especial necesaria para rogar, que Él negaría a otros.

En tal caso la incertidumbre de mi salud no viniera solamente de mi parte, sino que viniera también de la parte de Dios: y desde aquel momento no habría ya esperanza cristiana, que debe ser, como dice el Apóstol, inmutable, firme y cierta.

Ni veo como el cristiano puede cumplir con el precepto de la esperanza, y esperar firmemente que recibirá de Dios la salud y las gracias a ella necesarias, si no está seguro que Dios da a todo el mundo la gracia necesaria para rogar actualmente, si se quiere, sin tener necesidad de otro auxilio especial.

La gracia en verdad suficiente que es común a todo el mundo, si a ella se corresponde, sirve para obtener la gracia eficaz: y si a ella no se corresponde, la gracia eficaz será negada.

Así pues, no hay excusa para los pecadores que se quejan de no tener fuerza bastante para resistir a las tentaciones: porque si ruegan con la fuerza ordinaria dada a cualquiera obtendrán aquella fuerza, y se salvarán.

Si no se admite esta gracia ordinaria, por cuyo medio se pueda a lo menos rogar, sin tener necesidad de otra gracia especial, no común a todos, y obtener rogando toda la fuerza necesaria para observar la ley, no hallo como se han de entender tantos pasajes de la Escritura, en los cuales exhorta Dios a las almas que acudan a Él, que venzan las tentaciones, que correspondan a las gracias con que les invitan.*

En efecto, y no me cansaré de repetirlo: si Dios no diese a todos la gracia necesaria para pedir, y obtener por la súplica fuerza bastante para salvarse, no veo como pudieran entenderse todos estos textos, así como las vivas exhortaciones de los predicadores cuando instan como urgencia a todos los pecadores que se conviertan, que resistan a los enemigos, que caminen por las sendas de salud, que rueguen con confianza y perseverancia para alcanzar sus gracias.

¿De qué servirían estas exhortaciones, si la gracia de obrar el bien, o a lo menos de pedir, no estuviese concedida a cada uno de nosotros, sino que lo fuese únicamente a los que tuvieran la gracia eficaz? ¿Pudiérase entonces arrancar los pecadores sus infidelidades y sus asistencias a la gracia? (*Act 7. 51; Prov. 1. 24*).

Si se hubieran visto privados de la gracia remota, pero eficaz de la oración que se supusiera necesaria para rogar actualmente, no sé cómo habría razón para dirigirles semejantes reconvenciones.

Mi objeto en lo que acabo de decir ha sido alabar la bondad y la providencia de Dios, y socorrer a los pecadores, a fin de que no se abandonen a la desesperación, creyéndose abandonados de la gracia.

También he querido quitarles toda escusa, si dicen que les falta la fuerza necesaria para resistir a las tentaciones; pues que les manifiesto que no hay un solo

---

* *Is. 46. 8; Ezech. 18. 30, 32; Is. 52. 2; Matth. 11. 28; 1. Petr. 5. 9; Joan. 12. 35.*

condenado que no lo sea por su propia culpa, puesto que Dios a nadie niega la gracia de la oración, por cuyo medio se alcanza la gracia necesaria para resistir a toda tentación.

Y a más me he propuesto invitar a todo el mundo al uso de la oración, medio tan poderoso y tan necesario para el negocio de la salvación, para que todos se entreguen a Él con más ardor y con más atiento. ¡Cuántas pobres almas pecan, continúan viviendo en el pecado, y se pierden en fin, porque no ruegan, ni piden a Dios los socorros necesarios!

Y es aún más deplorable, tampoco me cansaré de repetirlo, que hay pocos predicadores y confesores que se impongan la obligación de excitar a sus oyentes y penitentes al uso de la oración, sin la cual es imposible observar los divinos preceptos, y conseguir la perseverancia final.

Y como la absoluta necesidad de la oración se nos inculca en todos los libros santos del antiguo y nuevo Testamento, he introducido en todas las misiones de nuestra congregación la costumbre de hacer cada día una plática sobre la oración; y digo, y no cesaré de repetir mientras viva, que todo el negocio de nuestra salud depende de la oración; y que así todos los autores de los libros de piedad, todos los predicadores en sus sermones, todos los confesores de la administración del sacramento de la penitencia, nada deben inculcar tanto como la oración, repitiendo continuamente: rogad, rogad, y no ceséis jamás de rogar; porque si rogáis, vuestra salud queda asegurada; pero si no rogáis, cierta es vuestra perdición.

En efecto, es común sentir de todas las escuelas católicas, que cualquiera que ruega obtiene las gracias necesarias para su salud, y se salva. Más como hay muy pocas personas que así lo hagan, son también muy pocas las que llegan al puerto de la salvación.

ORACIÓN PARA OBTENER
LA PERSEVERANCIA FINAL

Padre eterno, postrado humildemente a vuestros pies, os adoro y os doy gracias por haberme creado y redimido por Jesucristo, por haberme hecho cristiano, dándome la verdadera fe, y adoptándome por hijo vuestro en el bautismo. Os doy gracias de haberme esperado a penitencia, después de tantos pecados míos, y de haberme perdonado, como confío, todas las ofensas cometidas contra vos, de las que me arrepiento, oh bondad infinita, porque os han disgustado.

Os doy gracias, oh mi Dios, de haberme preservado de muchas reincidencias en que hubiera caído, si no me hubieseis tendido vuestra mano para darme socorro. Continuad, oh Dios mío, en socorrerme; pues mis enemigos no cesan ni cesarán hasta mi muerte de atacarme para hacerme otra vez esclavo suyo.

Si vos no me sostenéis, perderé aun vuestra gracia; concededme la perseverancia hasta la muerte: os lo suplico por los méritos de Jesucristo vuestro Hijo, el cual nos prometió, que cuanto pidiésemos en su nombre nos sería concedido.

Esta gracia os pido para mí y para todos aquellos que fielmente os sirven, a fin de que, no separándonos jamás de vuestro amor aquí en la tierra, podamos volar a amaros y a poseeros para siempre en el cielo.

María, Madre de Dios, rogad a Jesús por mí.

Oración a Jesucristo
para obtener su Santo Amor

Divino Jesús, clavado en la cruz por mi salud, yo creo que vos sois verdaderamente el Hijo de Dios y mi Salvador. Yo os adoro, desde el fondo del abismo de mi nada, y os doy gracias de la muerte que sufristeis para alcanzarme la vida de la gracia.

A vos, oh mi amable Redentor, debo mi salud; vos me habéis librado de la esclavitud del demonio, perdonándome mis pecados. ¡Ingrato de mí, que lejos de amaros por tantos beneficios, os he ofendido de nuevo! ¿No mereciera yo ahora, en justo castigo de tan negra ingratitud, ser condenado a no poder nunca más amaros?

Más no, no, Salvador mío, descargad antes sobre mí cualquier otro castigo. Si yo no os amé en lo pasado, os amo ahora, y nada deseo tanto como amaros de todo mi corazón. Pero sin vuestro socorro, nada puedo; y pues ya que me mandáis que os ame, dadme la fuerza para obedecer a tan dulce precepto.

Vos habéis prometido conceder todo lo que se os pidiese: (*Joan. 15. 7*) lleno de confianza en esta promesa, os pido, ante todo, el perdón de todos mis pecados, de los cuales me arrepiento sobre todas las cosas, porque os han ofendido, siendo vos la bondad infinita.

Concededme la perseverancia en vuestra gracia hasta la muerte; más sobre todo, concededme vuestro santo amor.

¡Ah mi dulcísimo Jesús! Mi esperanza, mi amor y mi todo, abrasadme con aquel fuego divino de la caridad que vinisteis a traer sobre la tierra: haced que me conforme en todo a vuestra santa voluntad; hacedme conocer siempre más y más cuanto merecéis ser amado, y el inmenso amor que os movió a dar vuestra vida por mi salud.

Haced, pues, que yo os ame con todo mi corazón y para siempre, y que sin cesar me ocupe en pediros vuestro amor, a fin de que amándoos toda mi vida, pueda ir a amaros con todas mis fuerzas en el cielo por toda una eternidad.

María, Madre del divino amor, mi abogada y mi refugio, vos que sois la criatura más amable, la más amada y la más amante de Dios, y que no deseáis sino verle amado de todo el mundo; ¡ah! por el amor que tenéis a Jesucristo vuestro Hijo, rogad por mí, y alcanzadme la gracia de amarle siempre con todo mi corazón. A vos os pido esta gracia, y por vos la espero. Así sea.

Oración para obtener la confianza
en los méritos de Jesucristo
y en la intercesión de María

Padre eterno, os doy gracias cuanto puedo, así en nombre mío como en el de todos los hombres, del grande beneficio de la Redención, que os movió a sacrificar vuestro propio Hijo por nuestra salud; os doy gracias por tan inmenso favor, y quisiera, en señal de reconocimiento, manifestaros todo el amor que merece tan grande beneficio.

Por lo méritos de Jesús crucificado nos perdonáis nuestras faltas, porque estos méritos han satisfecho a vuestra justicia por las penas que nosotros habíamos merecido: y por los mismos méritos nos restituís a vuestra gracia, siendo unos miserables pecadores, dignos de odio y de reprobación; nos preparáis un reino en los cielos, o en una palabra, os obligáis vos mismo a concedernos todo cuanto os pedimos en nombre de Jesucristo.

Os doy también gracias, oh infinita bondad de mi Dios, de habernos dado a más de Jesucristo por Redentor, a María por abogada acerca de vos; de haberle formado un corazón como el vuestro, lleno de bondad y de misericordia, para que amparase todos los pecadores que la invocaran; y de haberla hecho tan poderosa para con vos, de modo que puede alcanzar todo cuanto os pide en favor de los pobres pecadores que a ella se recomiendan.

Vos, pues, queréis que tengamos una grande confianza en los méritos de Jesucristo y en la intercesión de María: más esta tan preciosa confianza solo vos la podéis dar; a vos pues la pido, por los méritos de Jesús y de María.

Y vos, oh divino Redentor mío, vos que moristeis en la cruz para alcanzarme esta confianza en vuestros méritos, haced que ponga en vos toda mi esperanza.

Vos también, oh María, mi madre y mi esperanza para con Jesús, conseguidme esta firme confianza en los méritos de vuestro Hijo Jesucristo, y en vuestra intercesión. Todo lo pueden vuestras oraciones acerca de Dios.

Jesús y María, en vosotros espero; yo os entrego mi alma; y ya que tanto la habéis amado, tened piedad de ella, salvadla.

Oración para conseguir
la perseverancia en la oración

Dios de bondad y de misericordia; espero que vos me habréis ya perdonado todos mis pecados, y creo hallarme ahora en estado de gracia. Por ello os doy gracias con todo mi corazón, y espero dároslas por toda la eternidad.

Reconozco ya que la causa de mis caídas fue el no recurrir a vos en mis tentaciones, para pediros la perseverancia.

Más propongo, firmemente no descuidarlo jamás en adelante, y sobre todo cuando me halle en peligro de ofenderos; reclamar incesantemente vuestra misericordia, invocando los santos y dulcísimos nombres de Jesús y de María, y estoy seguro que me daréis entonces la fuerza para resistir a mis enemigos. Sí, este es mi firme propósito y prometo cumplirlo.

Más, ¿de qué me servirá el prometerlo, si vos, ¡oh Dios mío! no me dais la fuerza de tenerme en mi promesa, es decir, de recorrer siempre a vos en mis tentaciones?

¡Ah! ayudadme, Padre eterno, por el amor de Jesucristo no permitáis que yo descuide el encomendarme a vos cuando seré tentado.

Seguro estoy de estar socorrido todas cuantas veces me dirigiré a vos: todo lo que temo es olvidarme entonces de invocaros, y perder desgraciadamente vuestra gracia; esta es la mayor pérdida que puedo tener.

¡Ah! concededme, ¡oh mi Dios! en atención a los méritos de Jesucristo, el don de oración; pero un don tan abundante, que me haga rogar siempre, y rogar del modo que se debe.

María, madre mía, cuantas veces a vos he recorrido me habéis alcanzado la gracia de no caer; más ahora os pido una de mucho, mayor, y es la de encomendarme en todas mis necesidades y para siempre a vuestro Hijo y a vos.

Vos lo podéis hacer, divina Reina, pues alcanzáis de Dios todo lo que queréis; alcanzadme pues esta gracia de rogar, y de rogar siempre hasta la muerte. Os lo pido por todo el amor que tenéis a Jesucristo. Así sea.

Oración que se ha de hacer todos los días para obtener las gracias necesarias a la salud

Omnipotente y eterno Dios, en vista de los méritos y de las promesas de Jesucristo vuestro Hijo, el cual nos ha dicho que cuanto pidiésemos en su nómbrenoslo concederíais, os pido para mí y para todos los hombres una fe viva de todo cuanto nos enseña la santa Iglesia romana, una luz celestial que me haga conocer la vanidad de los bienes de la tierra, para que me diera únicamente a vos, que sois el único bien del hombre.

Haced que vea yo la enormidad y el horror de mis pecados para que me humille y los deteste como debo; que conozca vuestra extremada bondad para amaros con todo mi corazón, y el amor que me tenéis, para que en adelante sea hacia vos más reconocido.

Concededme una firme confianza de recibir de vuestra divina misericordia y por los méritos de Jesucristo y la intercesión de María el perdón de mis pecados, la perseverancia y la vida eterna.

Penetradme de un grande amor hacia vos, que me despegue de todas las afecciones terrenas y de mí mismo, para que no ame yo sino a vos y no me ocupe sino en vuestra gloria.

Dadme una resignación tal a vuestra voluntad, que acepte de muy buen grado los dolores, las enfermedades, los desprecios, las persecuciones, las sequedades de espíritu, las pérdidas de bienes, de reputación, de padres, en fin, todas las cruces que os plazca enviarme.

Yo me consagro enteramente a vos: disponed de mí según vuestro beneplácito; más dadme luz y fuerza bastantes para hacer vuestra santa voluntad, y resignación suficiente en la hora de mi muerte para ofrecer el sacrificio de mi vida en unión con el grande sacrificio de Jesús en la cruz.

Inspiradme un profundo dolor de mis pecados que dure tanto como mi vida, ya que os he ofendido, a vos, ¡oh Dios mío! que sois el soberano bien del hombre, el único digno de ser amado, y el que me habéis amado tanto; el espíritu de humildad y de dulzura que me haga aceptar con paz y hasta con placer los menosprecios, las ingratitudes, y los malos tratamientos de parte de los hombres; y una caridad perfecta que me conduzca a desear el bien a cualquiera que me haya dañado, y a interesarme, a lo menos por medio de la oración para todos los que me habrán ofendido.

Dadme en fin el espíritu de mortificación, para que sirva de freno a mis sentidos y a mi amor propio; la pureza del cuerpo con la fuerza de resistir a todas las tentaciones contra la honestidad, recorriendo entonces a vos, ¡oh Salvador mío! y a vuestra santísima Madre.

Haced que obedezca puntualmente a mi padre espiritual y a todos mis superiores; que dirija todos mis pensamientos, mis deseos y mis acciones a vuestra mayor gloria; que tenga una grande confianza en la pasión de Jesucristo y en la intercesión de María Inmaculada, una particular devoción al santísimo Sacramento del altar y un tierno amor a vuestra santa Madre, y sobre todo, concededme, os lo suplico encarecidamente, la perseverancia y la gracia de rogaros sin cesar, especialmente en mis tentaciones y en la hora de mi muerte.

Os recomiendo, ¡oh Dios mío!, las almas del purgatorio, mis padres y mis bienhechores, y en particular todos aquellos que me aborrecen o me han ofendido: yo os suplico volverles el bien por el mal que me han hecho o que quisieran hacerme.

En fin, yo os recomiendo los infieles, los herejes y todos los pobres pecadores: dadles las luces y la fuerza necesaria para salir del estado de la culpa, ¡oh amabilísimo Dios!

Haceos conocer y amar de todo el mundo, y sobre todo de mí, que tan ingrato me he portado con vos, a fin de que, por vuestra bondad, pueda un día subir al cielo a cantar vuestras infinitas misericordias.

Esta es la gracia que espero, en atención a los méritos de vuestra sangre preciosa y de la intercesión de María, ¡oh Madre de mi Salvador! rogad a Jesús por mí. Así sea.

Pensamientos y oraciones jaculatorias

¡Oh Dios mío! ¿cuál será mi suerte?

Yo seré para siempre o feliz, o desgraciado.

¿De qué sirve ganar todo el mundo sin Dios?

Yo os amo, ¡oh Jesús mío!

si, a vos que moristeis para mi salud.

¡Antes perder el mundo entero que perder a Dios!

¡Que no haya muerto yo antes de ofenderos!

Primero morir que perder a Dios.

Jesús y María, vosotros sois mi esperanza.

Mi Dios, socorredme por el amor de Jesucristo.

Jesús mío, vos solo me bastáis.

No permitáis que me separe jamás de vos.

Dadme vuestro divino amor,

y haced de mí lo que os agrade.

¿Y qué amaría yo si a vos no amase, oh Dios mío?

Padre eterno, ayudadme por el amor de Jesucristo.

Yo creo en vos, yo espero en vos, yo os amo.

Aquí estoy, Señor,

haced de mí según vuestra voluntad.

¿Cuándo me veré todo de vos, oh Dios mío?

¿Cuándo será que pueda deciros: mi Dios,

ya no puedo perderos más?

María, mi esperanza, tened piedad de mí.

Madre de Dios, rogad a Jesús por mí. Señor,

¿quién soy yo para que vos queráis ser de mi amado?

Dios mío, a vos solo quiero, y nada más.

Todo lo que yo quiero es que en todas las cosas

se cumpla vuestra santa voluntad.

¡Que no pueda yo morir por vos,

como vos habéis muerto por mí!

He sido reconocido con los hombres;

con vos tan solo, ¡oh Dios mío! he sido ingrato.

Demasiado os he ofendido; resuelto estoy,

no quiero ya más ofenderos.

Si yo hubiese muerto en estado de culpa,

ya no podría amaros más.

Hacedme morir, antes que permitir

que de nuevo os ofenda.

Para que yo os ame me habéis hasta aquí aguardado.

¡Ah Señor! yo quiero amaros.

Yo os consagro todos los momentos de mi vida.

¡Oh mi Jesús! atraedme todo hacia vos.

No me abandonéis, Señor,

que yo no os abandonaré jamás.

¡Oh vos, Dios de mi alma! yo confío que estaremos

siempre unidos con los vínculos de amor.

¡Oh mi dulce Jesús! haced que yo sea todo

de vos antes que muera.

Haced que os halle aplacado

cuando habréis de juzgarme.

Vuestros beneficios me fuerzan

con urgencia a que os ame.

¡Ah! yo os amo, y os amo con todo mi corazón.

Sufrid, Señor, el ser amado por un desdichado
pecador, que tanto os ha ofendido.

Vos os habéis dado todo a mí, yo me doy todo a vos.

Quiero amaros mucho en este mundo,
para amaros eternamente en el cielo.

Hacedme conocer lo que sois,
para que os ame de todo mi corazón.

Vos amáis al que os ama,
amadme pues, ¡oh mi Dios! pues yo os amo.

Dadme para vos tanto amor como vos de mí deseáis.

Me lleno de júbilo porque sois infinitamente feliz.

¡Que no os haya siempre amado!
y que no haya muerto antes de ofenderos!

Haced que todo lo supere y venza para agradaros.

Yo os entrego mi corazón y la voluntad,
haced de ella lo que os agrade.

Todo mi placer se cifra en contentaros,
¡oh bondad infinita!

Yo espero amaros para siempre, ¡oh mi Dios!

Pues sois omnipotente, hacedme santo.

Vos me habéis buscado cuando yo me alejaba de vos,
¿me rechazareis ahora que os busco?

Os doy gracias de haberme dado tiempo de amaros;
os doy gracias por ello, y os amo.

¡Ojalá que desde este día me entregue todo a vos!

Enviadme toda especie de cruces,

mas no me privéis de vuestro amor.

Yo quiero amaros, ¡oh mi Dios! y amaros sin reserva.

Acepto todas las penas, todos los menosprecios,

con tal que os ame.

Yo quisiera que todos los hombres os amasen tanto

como vos merecéis.

Quiero hacer todo lo que sabré que os es agradable.

Amo lo que os place

más que todos los bienes del mundo.

¡Oh voluntad de mi Dios! vos sois todo mi amor.

¡Oh María! unidme enteramente a Dios.

¡Oh Madre mía! haced que yo recurra siempre a vos.

Una gracia más, ¡oh María! y es de hacerme santo.

Así sea.

Viva Jesús nuestro amor
y
María nuestra esperanza.

ORACIÓN DE S. IGNACIO

Alma de Jesús, ¡santifícame!

Cuerpo de mi Jesús, ¡sálvame!

Sangre de mi Jesús, ¡embriágame!

Agua que sales del costado de mi Jesús, ¡límpiame!

Pasión de mi Jesús, ¡fortifícame!

Mi buen Jesús, ¡óyeme!

Escóndeme entre tus llagas.

No permitas que yo me separe de ti.

Defiéndeme contra el enemigo
que quiere perderme.

A la hora de mi muerte, llámame.

Y mándame venir a ti, para que te glorifique
con tus santos en los siglos de los siglos.

Así sea.

LETANÍAS DEL AMOR DE DIOS,
compuestas por el Sumo Pontífice Pío VI

Señor, tened piedad de nosotros.

Jesucristo, tened piedad de nosotros.

Señor, tened piedad de nosotros.

Jesucristo, escuchadnos.

Jesucristo, escuchadnos.

Dios del cielo, nuestro Padre,

tened piedad de nosotros.

Dios el Hijo, Salvador del mundo,

tened piedad de nosotros.

Dios Espíritu Santo, nuestro santificador,

tened piedad de nosotros.

Dios que sois el amor infinito,

tened piedad de nosotros.

Dios que nos habéis amado de toda una eternidad,

tened piedad de nosotros.

Dios que nos habéis mandado amaros,

tened piedad de nosotros.

Dios que nos habéis amado hasta darnos vuestro Hijo,

tened piedad de nosotros.

De todo nuestro corazón os amamos, ¡oh mi Dios!

De toda nuestra alma os amamos, ¡oh mi Dios!

Con todo nuestro espíritu os amamos, ¡oh mi Dios!

Con todas nuestras fuerzas

y nuestras facultades os amamos, ¡oh mi Dios!

Más que todos los bienes y todos los
honores os amamos, ¡oh mi Dios!
Más que todos los placeres
y que todos los goces de este mundo os amamos,
¡oh mi Dios!
Más que a nuestras relaciones y a nuestros amigos os
amamos, ¡oh mi Dios!
Más que a nuestros prójimos
y a nosotros mismos, os amamos, ¡oh mi Dios!
Más que a todos los hombres
y a todos los ángeles os amamos, ¡oh mi Dios!
Más que a todo cuanto existe en el cielo y en la tierra
os amamos, ¡oh mi Dios!
Únicamente por vos solo os amamos,
¡oh mi Dios!
Porque sois infinitamente perfecto os amamos,
¡oh mi Dios!
Porque sois digno de amor infinito os amamos,
¡oh mi Dios!
Aun cuando no nos hubieseis prometido el cielo
os amaríamos siempre, ¡oh mi Dios!
Aun cuando no nos hubieseis amenazado
con el infierno, os amaríamos siempre, ¡oh mi Dios!
Aun cuando nos enviaseis cruces,
pruebas, tribulaciones, os amaríamos siempre,
¡oh mi Dios!

Así en la pobreza como en la abundancia
os amaremos siempre, ¡oh mi Dios!
Así en la felicidad como en el infortunio,
os amaremos siempre, ¡oh mi Dios!
Así en los honores como en las afrentas,
os amaremos siempre, ¡oh mi Dios!
Así en la alegría como en la tristeza,
os amaremos siempre, ¡oh mi Dios!
Así en la salud como en la enfermedad,
os amaremos siempre, ¡oh mi Dios!
Así en la vida como en la muerte,
os amaremos siempre, ¡oh mi Dios!
Así en el tiempo como en la eternidad,
os amaremos siempre, ¡oh mi Dios!
Pueda nuestro amor parecerse al de los querubines
y serafines! tal es nuestro deseo, ¡oh mi Dios!
Pueda nuestro amor ser fortificado por el de todos
vuestros elegidos, que están en el cielo,
tal es nuestro deseo, ¡oh mi Dios!
¡Oh, si pudiéramos amaros con un amor tan puro
como aquel con que os amó
la santa Virgen vuestra Madre!
Así lo deseamos, ¡oh mi Dios!
¡Oh! si nuestro amor pudiese ser infinito
con aquel amor infinito con que, vos nos amáis
y nos amareis por toda la eternidad!

Tal es nuestro deseo, ¡oh mi Dios!

Cordero de Dios, que borráis los pecados del mundo

por vuestro santo amor, perdonadnos, Señor.

Cordero de Dios, que quitáis los pecados del mundo

por vuestro santo amor, oídnos, Señor.

Cordero del mundo, que borráis los pecados

del mundo por vuestro santo amor,

tened piedad de nosotros.

ORACIÓN

¡Oh Dios! que poseéis en un grado infinito todo cuanto hay de amable y de perfecto, y que sois la perfección misma, destruid y arrancad de nuestros corazones todo sentimiento y toda afección que sean contrarios al amor que os debemos; e inflamadnos con un amor tan puro y tan ardiente que no amemos nada sino a vos, en vos y por vos, por los méritos de Jesucristo Nuestro Señor. Así sea.

Oración de S. Ignacio

Recibid, Señor, toda mi libertad, recibid, mi memoria, mi entendimiento y toda mi voluntad. Todo lo que tengo, todo cuanto poseo, vos me lo habéis dado; yo os lo restituyo todo, y lo dejo a la entera disposición de vuestra voluntad.

Dadme tan solo vuestro amor y vuestra gracia y seré ya bastante rico, pues nada más os pido.

Letanías
PARA ALCANZAR UNA BUENA MUERTE,
por una señorita protestante convertida

¡Oh Jesús! yo me presento ante vos con un corazón deshecho, humillado y como reducido a cenizas. Os encomiendo mi última hora y lo que debe seguir a ella.

Cuando mis ojos obscurecidos y turbados por la cercanía de la muerte volverán sus tristes y moribundas miradas hacia el cielo, Jesús misericordioso, tened piedad de mí.

Cuando mis labios fríos y trémulos pronunciarán por última vez vuestro adorable nombre, Jesús misericordioso, etc.

Cuando mis mejillas pálidas y lívidas inspirarán a los circunstantes la compasión y el terror, Jesús misericordioso, etc.

Cuando mis cabellos empapados en el sudor de la muerte me anunciarán mi cercana disolución, Jesús misericordioso, etc.

Cuando mis oídos, a punto de cerrarse para siempre a los discursos de la tierra, temblarán al oír la voz que pronuncia el decreto fulminado contra los hombres, Jesús misericordioso, etc.

Cuando mis pies inmóviles me harán advertir que está para acabarse mi carrera en este mundo, Jesús misericordioso, etc.

Cuando mi imaginación azorada por fantasmas sombrías y aterradoras me sumirá en una tristeza mortal, Jesús misericordioso, etc.

Cuando mi débil corazón, agobiado ya por el dolor de la enfermedad, se verá presa de los horrores de la muerte, y desgarrado por los esfuerzos que tendrá que hacer contra los enemigos de su salud y su apego a la vida, Jesús misericordioso, etc.

Cuando mis parientes y mis amigos reunidos a mi alrededor se enternecerán por mi situación, y os invocarán para mí, Jesús misericordioso, etc.

Cuando habré perdido ya el uso de mis sentidos, y el mundo habrá ya desaparecido para mí, Jesús misericordioso, etc.

Cuando derramaré las últimas lágrimas, recibidlas en expiación, a fin de que santificado por vuestra gracia expiré como una víctima de penitencia, Jesús misericordioso, etc.

Cuando me hallaré en las congojas de la agonía y en el trabajo de la muerte, Jesús misericordioso, etc.

Cuando los últimos suspiros de mi corazón darán prisa al alma para que salga de mi cuerpo, aceptadlos como a producidos por una suma impaciencia de venir a vos y de obedeceros, Jesús misericordioso, etc.

Cuando mi alma al borde ya de mis labios, saldrá para siempre de este mundo, y dejará mi cuerpo pálido, helado y sin vida, aceptadla destrucción de mi ser como un homenaje que yo quiero rendir a vuestra majestad, Jesús misericordioso, etc.

En fin, cuando mi alma perecerá sola delante de vos, y verá por la primera vez el brillo, de vuestra majestad, no la desechéis de vuestra presencia, Jesús misericordioso, tened piedad de mí.

Oración

Gran Dios, que al condenarnos a la muerte, habéis querido ocultarnos la hora y el momento de ella, haced, que viviendo en la justicia y en la santidad todos los días de mi vida, merezca salir de este mundo en la paz de una buena conciencia, y que muera en vuestro amor,

por Jesucristo Nuestro Señor, que con vos vive y reina
en unidad con el Espíritu Santo. Así sea.

Sentimientos de Bossuet,

*propios para servir de materia a una oración
muy necesaria en los tiempos en que vivimos*

San Pedro recibe la orden de Jesucristo de confirmar a sus hermanos; y ¡qué hermanos! los apóstoles, las columnas mismas...

Todo queda sometido a sus llaves, reyes y pueblos, pastores y rebaño; lo decimos con placer, porque amamos la unidad, y tenemos por gloria nuestra obediencia...

A Pedro se mandó apacentarlo y gobernarlo todo, tanto los corderos como las ovejas, las madres y los pequeños hijos, y los pastores mismos, pastores con respecto a los pueblos, y ovejas con respecto a Pedro.

La autoridad eclesiástica, primordialmente establecida en la persona de uno solo, se ha prolongado a condición de conservar siempre su principio de unidad.

En esta cátedra romana, tan celebrada por los Padres, es donde ellos han exaltado como a porfía la *primacía suprema:* la Iglesia madre es la que tiene en su mano la conducta de todas las demás Iglesias, es el jefe del episcopado, es la silla principal.

Y en estas palabras debéis entender reunidas los Gaulos, la Grecia, el Asia, el Oriente, el Occidente. Santa Iglesia romana, madre de las Iglesias, escogida por Dios para unir sus hijos en los mismos lazos de caridad, nosotros nos conservaremos siempre adheridos a tu unidad en el fondo de nuestras entrañas.

Si yo te llegase a olvidar, Iglesia romana, ya pueda olvidarme dé mí mismo: séquese mi lengua, y quede inmóvil en mi boca, sino eres siempre tú la primera en mi memoria.

Bossuet

MÉTODO PARA ASISTIR CON FRUTO AL SANTO SACRIFICIO DE LA MISA,
por una religiosa
del Sagrado Corazón de Jesús

Mucho se ha escrito sobre el método que debe seguirse para asistir con provecho al santo sacrificio de la misa; pero el que parece más propio y más conforme al espíritu de la Iglesia, es el de unirse con los sentimientos del sacerdote.

Este debe ofrecer el incruento sacrificio para satisfacer a las cuatro deudas que hemos contraído con Dios, y que, según enseña el angélico doctor santo Tomas, son las siguientes:

La primera es de alabar y adorar la infinita majestad de Dios; la segunda de satisfacer por todos nuestros pecados; la tercera de darle gracias por todos los beneficios que hemos recibido de su liberal mano; y la cuarta, de dirigirle nuestras súplicas, como autor y principio de todas las gracias.

Y como todos los fieles, al asistir a la misa, ejercen en algún modo las funciones de sacerdote, deben, en cuanto les sea posible, ocuparse en la consideración de estos cuatro fines. Pero para que no les sea muy costoso, vamos a indicar cuatro ofrendas, de las cuales podrán valerse durante el santo sacrificio.

Al empezar la misa, y cuando el sacerdote inclinándose al pie del altar dice el *Confiteor*, haced entonces un pequeño examen. Procurad después a formar un acto de verdadera contrición, pidiendo humildemente a Dios perdón de vuestros pecados e implorando la asistencia del Espíritu Santo y de la Virgen Santísima, para oír la misa con respeto y la devoción posibles.

Enseguida, dividid la misa en cuatro partes, para satisfacer mejor a las cuatro deudas de que hemos hablado, y que al mismo tiempo son los cuatro fines para los cuales Jesucristo ha instituido este augusto sacrificio. Lo podréis practicar del modo siguiente:

En la primera parte, esto es, desde el principio de la misa hasta el Evangelio, procurareis satisfacer la primera deuda, que consiste en adorar y alabar la majestad de Dios, digna de ser honrada y alabada eternamente.

A este fin humillaos con Jesucristo, abismaos en el conocimiento de vuestra nada, confesaos indignos de parecer ante esta majestad inmensa, y con un corazón contrito, y con el cuerpo humillado, (pues conviene siempre asistir a la misa con la más respetuosa y modesta postura) decidle con las mayores veras:

Yo os adoro ¡oh Dios mío! y os reconozco por Señor y dueño de mi alma; una y mil veces protesto, que de vuestro, corazón adorado he: recibido cuanto soy y cuanto tengo.

Pero, ¡oh Dios de amor! viéndome incapaz de tributaros el honor que merece vuestra; majestad soberana, os presento las humillaciones y homenajes que Jesucristo mismo os ofrece sobre este altar.

Sí; lo que Jesús hace, yo lo quiero hacer también. Yo me humillo y me anonado con Él delante de vuestra majestad suprema, y uniéndome a sus sentimientos de humildad y sumisión, os adoro con el más profundo rendimiento.

Cerrad aquí el libro, y continuad en hacer varios actos interiores, felicitándoos de que Dios sea infinitamente honrado. Repetid después en varias veces:

Sí, ¡Dios mío! el honor infinito que resulta a vuestra divina majestad de este santo sacrificio, llena a mi alma de la mayor satisfacción; yo siento una alegría y un placer que no puedo explicar.

No os deis mucha pena en repetir literalmente estos afectos, servíos libremente de las palabras que os inspire vuestra devoción: procurad sobre todo a estar bien recogidos y unidos con Dios. ¡Oh! y que bien cumpliréis con la primera deuda, haciéndolo de este modo.

A la segunda podréis satisfacer desde el Evangelio hasta la elevación. A este fin considerad la multitud de vuestros pecados, y viendo la deuda inmensa que habéis contraído con la justicia divina, decidle con un corazón profundamente humillado:

Aquí tenéis ¡oh Dios mío! a este ingrato pecador, que tantas veces se ha rebelado contra vos. Penetrado del más vivo sentimiento abomino ya y detesto todos los pecados que he cometido contra vuestra majestad soberana, y en paga de ellos, os presento la misma satisfacción que Jesucristo os ofrece sobre este altar.

Sí; yo os ofrezco sus méritos infinitos, su sangre preciosa, y aun a Él mismo, Hijo vuestro, que a impulsos de la caridad más ardiente se digna renovar su sacrificio por mi amor; y mientras que, constituido Mediador y Abogado mío sobre este altar, en méritos de su preciosa sangre, os pide misericordia por mí, yo uno mi débil voz a la de esta sangre adorable, e invoco también vuestra clemencia a favor de los innumerables pecados que he cometido contra vos.

La sangre de Jesús es la que reclama vuestra misericordia; y mi corazón, abismado en el más vivo dolor, os la pide también. Si no os mueven mis lágrimas, ¡oh Dios de mi corazón! muévenos a lo menos los suspiros de mi Jesús; y si clavado en la cruz alcanzó en otro tiempo misericordia por todo el linaje humano,

¿será posible que sobre este altar no la alcance por este infeliz pecador? ¡Ah! yo bien confío que por los méritos de esta preciosísima sangre perdonareis todas mis iniquidades, las que yo no cesaré de llorar hasta el último aliento de mi vida.

Después, teniendo el libro cerrado, repetid estos actos de una verdadera y profunda contrición, dad libre curso a los efectos de vuestro corazón, y decid a Jesús del fondo de vuestra alma:

Dadme, ¡oh mi dulce Jesús! las lágrimas de un S. Pedro, la contrición de una Magdalena y el dolor de todos los santos penitentes, a fin de que por el mérito de este santo sacrificio, alcance yo el entero perdón de mis pecados.

Continuad después estos mismos actos, procurando estar bien recogidos en Dios, y estad seguros que de este modo pagareis completamente todas las deudas contraídas con Él por vuestras culpas.

En la tercera parte, esto es, desde la elevación hasta la comunión, al considerar los muchos y grandes beneficios que os ha hecho el Señor, ofrecedle en cambio el precioso cuerpo y sangre de Jesucristo, convidando a todos los ángeles y santos del cielo a darle gracias por vos, y valiéndoos poco más o menos de los afectos siguientes:

Heme aquí, ¡oh Dios de mi corazón! oprimido con el peso de vuestros beneficios ya generales, ya particulares, que os habéis dignado dispensarme y que estáis pronto aun a concederme durante el tiempo y por toda la eternidad.

Yo confieso, que vuestras misericordias a mi favor han sido y son infinitas.

Por lo mismo, en reconocimiento de cuanto os debo, os ofrezco por manos del sacerdote esta sangre divina, este cuerpo preciosísimo y esta inocente víctima.

Ángeles del Señor, vosotros todos, felices habitantes del cielo, ayudadme a dar gracias a mi Dios, y ofrecedle en agradecimiento de tantos beneficios no solamente esta misa, sino también todas las que se celebran ahora en todo el mundo, a fin de que por ellas compense perfectamente la amorosa beneficencia que ha usado conmigo y corresponda dignamente a todas las gracias que me ha hecho, a las que me hace cada momento, y a las que se dignará hacerme en todos los siglos de los siglos. Amén.

¡Oh, con qué agrado recibirá este Dios de bondad el testimonio de un agradecimiento tan afectuoso! ¡Y cuánto se complacerá a la vista de una víctima tan santa y de un valor infinito!

Para excitaros más y más en estos piadosos y tiernos sentimientos, convidad a todo el paraíso a fin de que os ayude a dar gracias a Dios; invocad a todos los santos, a quienes tenéis una particular devoción, y con toda la efusión de vuestro corazón, dirigidles la siguiente oración:

¡Oh santos patronos míos! dignaos dar gracias por mí a la bondad de mi Dios, a fin de que no viva jamás ni muera en la ingratitud; y pedidle que se digne recibir mi buena voluntad, atendiendo a las acciones de gracias llenas de amor, que mi Jesús le ofrece por mí en este santo sacrificio.

Ocupados de estos piadosos sentimientos, repetid esta oración cuanto podáis, y estad seguros que de este modo satisfaréis plenamente a esta grande deuda.

Aún lo conseguiréis con más perfección, si hacéis uso del acto que sigue para ofrecer a esta intención todas las misas que se celebran en todo el mundo.

El siguiente acto fue compuesto por el beato Leonardo, para ofrecer por la mañana todas nuestras acciones.

¡Oh Dios eterno! heme aquí postrado ante el trono de vuestra majestad; yo os adoro con el más profundo rendimiento, y os ofrezco todos mis pensamientos, palabras y acciones de este día.

Deseo ¡oh Dios mío! hacerlas todas por vuestro amor, para mayor gloria vuestra, para cumplir vuestra divina voluntad, y para serviros, alabaros y bendeciros; para ser instruido también en los misterios de la fe, para asegurar mi salvación y esperar siempre en vuestra misericordia; para satisfacer asimismo a vuestra divina justicia, por los enormes pecados que he cometido, para aliviar a las almas del purgatorio, para alcanzar a todos los pecadores la gracia de una verdadera contrición; en una palabra, yo quiero hacer en el día de hoy todas mis acciones en unión de aquella pura intención que tuvieron en esta vida, Jesús, María y José, todos los santos que hay en el cielo, y todos los justos que se hallan sobre la tierra.

¡Qué feliz sería yo que pudiese sellar con mi propia sangre esta intención, y aun que la pudiese repetir en todos los momentos de mi vida, así como por toda la eternidad!

¡Recibid, oh Dios mío! mi buena voluntad y dadme vuestra santa bendición con una gracia eficaz para no caer en pecado mortal en toda mi vida; pero principalmente en el día de hoy, en que deseo ganar todas las indulgencias que me sea posible, uniéndome en espíritu a todas las misas celebradas en el mundo cristiano, y pidiéndoos que os dignéis aplicar su fruto a las almas que se hallan detenidas en el purgatorio, a fin de que sean aliviadas en sus penas. Amén.

En la cuarta parte, esto es, desde la comunión hasta el fin de la misa, mientras que el sacerdote participa realmente del cuerpo y sangre de Jesucristo, hacedlo vosotros espiritualmente.

Excitad en vuestra alma profundamente recogida un acto de verdadera contrición; e hiriendo vuestro pecho, para denotar cuan indigno os reconocéis de una gracia tan grande, haced todos los actos de amor, de ofrecimiento, de humildad y demás que tenéis costumbre de hacer cuando recibís la sagrada comunión; añadid a esto el más ardiente deseo de recibir a Jesucristo, que ha querido quedarse en este Sacramento por nuestro amor; y para excitar más vuestra devoción, figuraos que la Virgen Santísima o alguno de vuestros santos patronos viene a presentaros la sagrada hostia, que vos la recibís realmente, y teniendo a Jesús íntimamente unido con vuestro corazón, repetid muchas veces y en diferentes ocasiones estas o semejantes expresiones, dictadas por el amor.

Venid, ¡oh Jesús mío, amor y vida de mi alma! venid a este pobre corazón! venid a saciar mis deseos! venid y santificad a mi pobre alma! ¡Venid, oh dulcísimo Jesús mío, venid!

Persuadíos en seguida que vuestro divino Maestro ha accedido por fin a vuestras súplicas, fijando su mirada en vuestro corazón; excitaos después a una grande confianza y pedid con fervor todo cuanto necesitáis, diciendo a Dios con una humildad profunda:

¡Oh Señor y Dios mío! yo me reconozco indigno de vuestros favores, y de ningún modo merezco que me escuchéis; pero ¿podréis despreciar las súplicas que vuestro adorable Hijo os dirige por mí en este altar en que os ofrece su vida con su preciosa sangre? Recibid pues, oh Dios de mi corazón, las súplicas de aquel que aboga en mi favor para con vuestra majestad soberana; y atendiendo a sus méritos infinitos, dignaos concederme todas las gracias que vos sabéis me son necesarias para asegurar el grande negocio de mi salvación.

Ahora más que nunca me atrevo a pediros el perdón general de todos mis pecados, y la perseverancia final en el bien.

Aún más, apoyando siempre mi confianza en la mediación que mi Jesús interpone por mí, os pido, oh Dios mío, la conversión de los infieles y de los pecadores, particularmente de aquellos con quienes estoy unido con los vínculos de la sangre, o de una santa amistad.

Dignaos también concederme el rescate, o a lo menos el alivio de las almas que están detenidas en el purgatorio.

Finalmente os pido, ¡oh Dios mío! que os hagáis conocer, amar y glorificar de todos los hombres sobre la tierra, a fin de que puedan veros, alabaros y poseeros eternamente en el cielo. Amén.

Pedid con seguridad, pedid para vosotros, para vuestros hijos y para todas las personas que os interesan, todas las gracias así espirituales como temporales conducentes a vuestra salvación.

Rogad también por la santa Iglesia, a fin de que el Señor se digne librarla de todos los males que la afligen, y concederla la plenitud de todos los bienes; sobre todo, pedidle siempre con la mayor confianza, y estad seguros que vuestras súplicas unidas con las de Jesús serán atendidas.

Concluida la misa, haced un acto de acción de gracias de este modo:

Gracias os damos ¡oh Dios omnipotente! por todos vuestros beneficios, vos que vivís y reináis por todos los siglos de los siglos. Amén.

Salid de la iglesia con un corazón compungido si es posible, como si bajarais del Calvario.

Una misa oída de este modo no puede menos de producir en nuestras almas los más saludables efectos; no descuidemos, pues, un medio tan poderoso para dar a Dios la gloria que se merece, para asistir eficazmente al prójimo en todas sus necesidades, y para enriquecernos nosotros mismos con abundancia de los tesoros de las divinas gracias.

FIN